图书馆阅读推广策略与方法研究

宋亚平 ◎ 著

吉林出版集团股份有限公司

图书在版编目（CIP）数据

图书馆阅读推广策略与方法研究 / 宋亚平著. 长春 : 吉林出版集团股份有限公司, 2024.9. --ISBN 978-7-5731-5763-8

Ⅰ. G252.17

中国国家版本馆CIP数据核字第20241DG834号

图书馆阅读推广策略与方法研究

TUSHUGUAN YUEDU TUIGUANG CELÜE YU FANGFA YANJIU

著　　者　宋亚平

出版策划　崔文辉

责任编辑　孙骏骅

封面设计　文　一

出　　版　吉林出版集团股份有限公司

（长春市福祉大路 5788 号，邮政编码：130118）

发　　行　吉林出版集团译文图书经营有限公司

（http：//shop34896900.taobao.com）

电　　话　总编办：0431-81629909　营销部：0431-81629880/81629900

印　　刷　吉林省六一文化传媒有限责任公司

开　　本　710mm×1000mm　1/16

字　　数　250 千字

印　　张　15

版　　次　2024 年 9 月第 1 版

印　　次　2024 年 9 月第 1 次印刷

书　　号　ISBN 978-7-5731-5763-8

定　　价　87.00 元

前　言

随着信息技术的飞速发展，人们的阅读方式发生了深刻的变化。电子书、网络阅读等新型阅读方式逐渐兴起，传统纸质阅读面临着前所未有的挑战。然而，无论阅读方式如何变化，阅读的本质——获取知识、提升自我、享受文化——始终未变。因此，图书馆在阅读推广工作中，不仅要关注新技术、新手段的运用，更要关注阅读的本质，通过科学有效的策略和方法，引导读者回归阅读的本质，享受阅读的乐趣。近年来，我国图书馆在阅读推广方面取得了显著的成效。各级图书馆通过举办各类阅读活动、开展阅读讲座、推出阅读推荐等方式，吸引了大量读者的参与，提高了读者的阅读兴趣和阅读质量。然而，在阅读推广工作中，图书馆也面临着一些挑战。首先，随着信息技术的发展，读者的阅读方式日益多样化，图书馆需要不断创新阅读推广手段，以适应读者的需求。其次，部分图书馆在阅读推广工作中缺乏系统性和针对性，导致推广效果不佳。最后，部分图书馆在阅读资源建设方面存在不足，难以满足读者的阅读需求。

图书馆阅读推广是一项长期而艰巨的任务，需要图书馆工作人员不断创新思路和方法，积极探索有效的推广策略。相信在全社会的共同努力下，图书馆阅读推广工作一定能够取得更加显著的成效，为提升国民的文化素质、推动社会文明进步做出更大贡献。

由于笔者水平有限，本书难免存在不足之处，敬请广大学界同仁与读者朋友批评指正。

目　录

第一章　图书馆阅读推广服务概述

第一节　图书馆阅读与阅读推广

一、图书馆阅读

阅读可以从他人的经验中获得更加丰富的人生体验并提升心灵境界，是读者获得知识、完善自我的重要途径。

（一）阅读的内涵与意义

1. 阅读的内涵

阅读的基本意义是看书、看报，并理解其中的意思。这个解释说明了阅读须具备的三个要素：一是能看的“人”，这个“人”有基本的视力条件，有识字能力；二是有可看的“物”，这个“物”是由文字或图画等构成的书籍、报纸、杂志等；三是有一般理解能力的“人”，也就是要求这个“人”有一定的知识积累，还要有一定的思维能力。阅读关系中的“物”通常叫作“读物”，而其中的“人”通常叫作“读者”。

2. 阅读的意义

（1）阅读是生而为人最基本的社会活动。一个人的成长过程，就是一个不断学习的过程，在这个过程中不断地感知和认识社会。这期间，有长辈的搀扶、教育，也有自己的模仿、学习。当一个孩子学习读图，他便开始了阅读生涯。通过阅读，孩子逐渐独立认识更加丰富的世界，也在不断地适应生活、学会生活，最终独立生活。所以，阅读是一个人成长过程中乃至生存过程中基本的社会活动之一。

（2）阅读是生而为人最基本的精神需要。“一个人的阅读史，就是他的精神发育史。”阅读的意义是让人获得更多的新知，更重要的是让人从前人身上获得前行的方向、战胜困难的勇气、坚定的意志和高尚的德行等精神启迪。因此，阅读需要是人类精神需要的一部分，它既是一种社会需要，又是一种心理需要，是人的内心和谐发展和精神健康成长的有力保障。

（3）阅读是生而为人最基本的文化权利。阅读是一个人精神生活的延续，是社会道德和精神文明的传承，社会就应该为人类提供最基本的阅读条件，创造更加优越的阅读环境，这些是文明社会赋予人的基本文化权利。

（4）阅读是生而为人最基本的社会义务。阅读可以让个人累积和创新知识，产生自我学习动力，提升自我发展能力，每个心智正常的人都应该努力阅读，尽力获得更多知识和能力，为社会更快更好地发展尽一份自己的责任和义务。阅读不仅让个人精神成长，人生成熟，也在为社会的延续和发展传承文化、创造文明。阅读是社会人的基本义务之一。

（二）阅读文化

阅读文化是建立在一定科学技术和物质材料的基础上，在社会意识、阅读环境、相关制度制约下而形成的阅读价值取向和阅读文化活动。作为一种社会文化系统，阅读文化可划分为阅读精神文化、阅读物质文化和阅读制度文化。

1. 阅读精神文化

阅读文化的本质特征和精神内核是阅读精神文化。从超越世俗生活的层面而言，阅读的意义具体表现在建立精神生活的五彩缤纷世界。阅读精神文化主要包括阅读需求、阅读观念、阅读的价值取向、阅读习惯和阅读技能等。道德价值、民族精神等对阅读活动可以产生相当的影响，阅读对读者品格意志、道德情操、社会生活、价值观念都能够产生一定的影响。

2. 阅读物质文化

阅读文化产生和发展的物质基础是阅读物质文化，阅读物质文化包括社会经济、大学图书馆、社区与家庭、出版业、教育等方面。阅读文化产生和发展的前提条件是经济基础，人们必须在一定的经济条件下，才会尽情享受阅读的快乐。阅读文化的物质基础，需要大学图书馆、出版业、社区和家庭以及教育来支撑。

3. 阅读制度文化

作为一种社会文化现象，阅读必然会受到各种社会因素的制约。处于阅读文化中间层的阅读制度文化，不同程度地受到群体意识、社会制度以及社会发展阶段的影响。

（三）图书馆的阅读文化

1. 图书馆与阅读文化建设

读书是间接经验的获取过程，也是个体在实际改造自我过程中认识客观世界的方式。在网络阅读的大背景下，广大读者要摒除休闲性、快餐性、功利性等一些偏颇的阅读观念，从大众化阅读转向个性化阅读，从“浅层阅读”走向“深层阅读”，在长期的培养和坚持下形成良好的阅读习惯。这就要充分发挥图书馆的宣传教育职能来倡导阅读，使正确的阅读观念深入读者思想，帮助读者树立正确的阅读观，从而通过阅读的积累和提升来实现自我素质的提高。

2. **图书馆在阅读文化建设中的作用**

“阅读文化是建立在一定技术形态和物质形态基础上，受社会意识和环境制度制约而形成的阅读价值观念和阅读行为的总和。”以校园阅读为例，校园阅读文化则是阅读文化与校园文化在校园活动平台上的交集。在阅读文化建设的过程中，图书馆在阅读文化建设中起到认知、传播、引导以及凝聚的作用。

（1）认知作用。人类认知过程总是受到文化现象的制约和规范。人们通过文化不断地积累经验，改进自己的思维方式，提高自身的认知能力，从而逐渐认识自然、认识社会、认识自身、认识世界。阅读文化通过阅读活动来实现其自身的认知功能，而图书馆在这个过程中充分发挥其服务功能，实现认知作用。图书馆的认知作用，主要体现在对于阅读内容以及阅读方式的认知两方面。

（2）传播作用。图书馆通过丰富的馆藏文字资源进行知识传播，其文献资源是传播作用得以体现的物质保障。传统阅读方式目前仍然还是社会大众的主要阅读方式。因此，图书馆大量的文献资料存储吸引着更多的读者前来图书馆进行阅读活动。

（3）引导作用。图书馆是推动全民阅读的组织者，在社会阅读文化的建设中扮演着重要角色。阅读文化建设通过营造阅读文化氛围，从而达到教育的目的。而图书馆引导读者在浮躁的现实面前，通过阅读方式丰富情感和心灵，陶冶情操，从而帮助读者拓宽视野，提高能力。各地的图书馆作为社会阅读文化的推动者，在阅读文化建设中起到引导作用。

（4）凝聚作用。图书馆能够营造优良的社会阅读文化，从而以其微妙的方式沟通人们的思想感情，融合人们的信念情操，培养和激发人们的群体意识和集体意识。在阅读文化氛围中，人们通过阅读活动，产生对于知识目标、价值观念、行为标准、道德规范的认同感。通过这种认同感，促进人际交往过程中的和谐。通过营造良好的阅读文化氛围，构建和谐的阅读文化环境，使人们在其中能够得到精神上的一致性和认同感。由此可见，图书馆在阅读文化的建设中，有着不可言表的凝聚作用。

二、图书馆阅读推广

（一）阅读推广的概念

阅读推广即推广阅读，就是图书馆及社会相关方面为培养读者的阅读习惯，激发读者阅读兴趣，提升读者阅读水平，进而促进全民阅读所从事的一切工作的总称。

图书馆阅读推广活动是图书馆作为推广主体，通过一定的推广媒介，利用特定的设施设备，选择适当的阅读内容并对活动形式进行一定的设计，从而对阅读推广的客体对象（特定的读者群体）施加影响，并接受反馈不断调整，以期达到最佳效果的所有工作。

（二）阅读推广的特征

1. 文化传承性

阅读推广是利人利己、利国利民的长远的兴邦之计，关乎民众的文化内涵和国家的竞争力，任何组织形式的阅读推广者都必须树立高度的文化自觉意识。

2. 公众参与性

阅读推广是面向最广泛的人群开展的文化传播活动，各个领域、各个层面的人都要求被涉及，参与其中的人越多，被影响的人就越多，社会效益越突出。

3. 社会公益性

以谋求文化传播、知识服务的社会效应为目的，坚持开放、平等、非营利的精神，并有必要面向阅读有困难的人重点开展服务。

4. 定位多向性

不同阅读推广主体对阅读推广的定位有所不同。例如，政府是将其作为发展战略而部署；学校是将其作为教育手段而组织；图书馆是将其作为事业而开展；个人是将其作为爱好而参与。

5. 主动介入性

阅读推广者一般要组织不同规模的读书活动，主动激发、引导、促进读者读书，并可以主动了解读者的阅读需求，以促进、影响读者的阅读选择。

6. 成效滞后性

阅读推广活动作用于社会个体之后，社会个体要经过思考、实践之后才会有成效，而这种成效还是隐性的；再转化为社会成效，这个环节更是难以观测和量化。

（三）阅读推广的内涵

1. 阅读推广的主体

阅读推广的主体是指阅读推广活动的发起者、组织者、实施者和管理者。全民阅读活动是一项社会文化系统工程，需要集合全社会的力量推行。提高国民的阅读率，形成人人热爱阅读、全民阅读的社会氛围，社会、政府、图书馆、出版机构和大众媒体等都负有不可推卸的责任。

纵观全球的阅读推广工作，可以发现，国际组织、各国政府、媒体机构、图书馆界、教育机构等，甚至是一些热衷于分享阅读的个人均参与其中，或成立阅读推广机构，或推出阅读推广项目，或组织阅读分享活动，这些都是阅读推广的一部分。

2. 阅读推广的对象

由于阅读推广的目标是“全民阅读”，阅读推广所服务的对象应该是社会中的每一个个体。但在进行阅读推广时，首先还是应该对阅读推广的目标人群进行研究，这是因为不同的对象在阅读兴趣、阅读能力、阅读动机和审美取向上各不相同，这都将影响阅读推广的内容及成效。

为了使阅读推广工作更具针对性、效果更显著，在进行阅读推广工作时要将推广对象进行细分。比如，按年龄层进行划分，可以将阅读推广对象分为低幼儿童、青少年读者、中青年读者、老年读者；按职业进行划分，可以将阅读推广对象分为工人、农民、大学生、白领等若干类别。针对不同的读者对象，再设计不同的阅读推广内容。

公共图书馆的阅读指导服务应是“知书”与“知人”服务，简单来说，就是图书馆馆员针对读者个人特质与特殊需求主动建议适合的阅读素材。换句话说，就是阅读推广要向合适的对象选择合适的内容进行推广。

3. 阅读推广的内容

阅读推广，顾名思义，当然是要推广阅读，这里不仅仅包括阅读的读物，还包括阅读能力的提升、阅读兴趣的培养、阅读习惯的养成、阅读品位的熏陶及阅读氛围的营造。阅读的读物不仅仅包括传统的纸质图书，还包括电子图书及音频、视频等多媒体信息。对于有阅读意愿但不知道如何阅读的人群，阅读推广的工作就是要帮助他们提升阅读能力，具体包括选择读物的能力、理解内容的能力、阐释能力、批判分析与创新能力。

阅读兴趣的培养和阅读氛围的营造，也是阅读推广的重点。终身的阅读兴趣和习惯，取决于有效的早期阅读。因此，阅读应从小抓起，从小培养孩子对阅读的兴趣，并使其养成良好的阅读习惯。图书馆要以各种形式吸引青少年儿童走进图书馆，激发他们的阅读兴趣，提升他们的阅读素养。

三、阅读推广与阅读的关系

（一）阅读推广与阅读

阅读是国民学习的一种方式，是通过图书、报纸、杂志、网络等媒介获得知识的过程；阅读推广是图书馆等社会机构指导国民阅读和推动社会阅读的行为。从宏观上说，阅读和阅读推广都是国民阅读范畴内的工作；从微观上说，阅读和阅读推广处在国民阅读工作的不同层面。因此，它们之间既有着不可分割的联系，也有着内容和方式上的区别。阅读推广就是推动阅读和扩大阅读，也就是通过阅读推广机构和阅读推广人的努力，让更多的人喜欢读书、善于读书，更有收获、更有成效地读书。

（二）阅读推广与阅读兴趣

阅读推广对阅读兴趣的影响，一般认为是单向度的，必须提升，否则阅读推广活动就算失败。这是一种片面的认知，阅读推广对阅读兴趣的影响是多向度的，不只是提升，还有着多方面的影响。

1. 栽种兴趣

比如说对刚出生的孩子，“阅读起跑线活动”送给孩子一个图书礼包；在给婴儿看的书上花更多的心思，让孩子第一次读书的时候感觉书是有趣的，这就为阅读兴趣的萌发种下一粒种子。

2. 满足兴趣

阅读推广不一定非要提高读者的阅读兴趣，满足也是可以的。读者喜欢什么书，推荐购买。图书馆购买了并通知读者，读者过来兴冲冲地借走，这也是一种阅读推广。

3. 转移兴趣

当读者过度痴迷某一类书，严重影响自己的生活、学习的时候，图书馆帮助读者转移一下兴趣，合理分配一下兴趣，将他们的阅读兴趣转移到专业学习或者更宽的领域，这也是一种阅读推广。

4. 归并兴趣

在大数据时代，图书馆有一个重要的职能是找到相同阅读兴趣的人，给他们提供交流的机会。这些有着相同阅读兴趣的人，通过图书馆就可以组成读书小组，相互交流读书感悟，这样也会极大地激发他们的阅读兴趣，加深对书的钻研程度。

5. 装点兴趣

国内外不少图书馆都设有一面高高的书墙，作为一种文化象征，营造浓郁的读书氛围。从阅读推广的角度来看，其作用更多地表现在装点阅读兴趣，推动读者从心理上接近阅读、接近图书馆。

四、图书馆与阅读推广

（一）图书馆与阅读推广的关系

人们普遍认为，图书馆是阅读推广的主阵地。图书馆作为社会求知的知识载体，为阅读推广奠定了基础，凭借自身的优势在引导阅读、满足不同层次的阅读需求、保障弱势群体阅读权利、促进阅读方面发挥着独特的作用，图书馆推动社会阅读的过程也是自我完善的过程。

（二）图书馆对阅读推广的影响和意义

图书馆在促进阅读推广、构建阅读社会中的作用研究方面，刘秋让等人认为促进社会公众阅读是图书馆的核心价值，图书馆在构筑阅读社会的过程中需要积极发挥自身的价值，重视弱势群体在阅读社会构建中的重要位置，关注其阅读能力和阅读状况，利用发达的网络信息技术，提供省时、低成本、高效率的阅读服务，保障读者阅读权利的实现，确立图书馆在阅读社会构建中的重要价值使命。

图书馆是倡导全民阅读的中坚力量，倡导全民阅读是图书馆社会职能中不变的核心部分。图书馆引导“全民阅读”，能为“全民阅读”提供舒适的阅读环境，进行科学正确的引导，提供丰富的信息资源，提供技术指导与快捷服务。

（三）图书馆在阅读推广中的主要工作内容

1. 引导

对于缺乏阅读意愿的人，图书馆通过生动有趣的阅读推广活动，引导他们感受阅读的魅力，享受阅读的乐趣，并逐步形成阅读的意愿。推动全民阅读的发展，这正是图书馆阅读推广工作要解决的问题、要完成的任务。

2. 训练

图书馆的服务对象中，存在许多有阅读意愿而不善于阅读的人，包括尚未学会阅读的人，以及因各种原因成年后失去继续学习机会的人，图书馆阅读推广可以帮助他们，使他们学会阅读。

3. 帮助

图书馆的服务对象中，还存在阅读困难人群，也称图书馆服务的特殊人群。对公共图书馆来说，此类特殊人群包括残障人士、阅读障碍症患者等；对学校图书馆来说，主要是那些缺乏阅读知识和辨别能力的低年级学生。图书馆需要对他们提供阅读帮助，阅读推广服务是最好的帮助。

4. 服务

传统图书馆服务目标人群的主体是具有较好阅读能力的人，即所谓高层次读者。图书馆阅读推广活动为他们提供阅读的便利，丰富为他们服务的方式。对学校图书馆来说，除了专业阅读外，还要引导大学生了解和学习专业之外的知识，开阔大学生的阅读视野，拓展大学生的知识范畴。

第二节　图书馆阅读推广服务内容

一、图书馆阅读推广活动概述

（一）图书馆阅读推广活动的类型

图书馆阅读推广活动类型丰富，按照不同的划分标准可以分为不同类型。

1. 按照开展频率划分

按照阅读推广活动的开展频率，分为定期活动、不定期活动、临时活动等。

（1）定期活动。定期活动是指图书馆以周或月为周期定期开展的活动。此类活动有固定的举办时间和活动名称，对读者阅读习惯有持续深远的影响。比如，每月图书借阅排行榜，可以为读者阅读图书提供有价值的信息；每周数字资源培训课，让读者学习如何获取利用资源。此外，还有每周好书推荐等，定期开展这一类型活动。

（2）不定期活动。不定期活动是指为丰富读者阅读生活而策划的一系列活动。此类活动新颖丰富，注重创新，活动主题与图书馆或阅读紧密贴合，对培养读者阅读兴趣有重要意义，如征文比赛等。

（3）临时活动。临时活动是指临时举办的，但对指导读者阅读也有重要作用的一系列活动。如转发的名人书目推荐、热门话题的书展与画展等。

2. 按照媒介形式划分

按照阅读推广活动的媒介形式，分为人媒式活动、物媒式活动、纸媒式活动、视媒式活动、数媒式活动、多媒式活动。

（1）人媒式活动。人媒式活动是以人作为阅读推广活动的传播媒介，如真人图书、读书沙龙，人媒式推广交流更便捷。

（2）物媒式活动。物媒式活动是以某种事物作为阅读推广的传播媒介，使阅读更具体。

（3）纸媒式活动。纸媒式活动是以传统纸张作为阅读推广的传播媒介，在各个高校图书馆阅读推广活动中应用较多。

（4）视媒式活动。视媒式活动如现场购荐、书展，是一种看得见的阅读推广形式。

（5）数媒式活动。数媒式活动如数字资源培训，是数字化的阅读推广形式。

（6）多媒式活动。多媒式活动是采用多媒体技术来进行阅读推广的。

（二）图书馆阅读推广活动的构成要素

高校图书馆阅读推广的活动要素，主要包括四种：阅读推广活动的对象、阅读推广活动的内容、阅读推广活动的传播渠道以及阅读推广活动开展的意义。

1. 阅读推广活动的对象

不同的图书馆面向的读者对象不同，要根据读者对象的特点开展相应的阅读推广活动。如，高校图书馆阅读推广活动的服务对象主要为高校的师生，了解他们的需求，才可以有针对性地开展阅读推广活动。高校师生接受高等教育，知识水平高，有较强的自学能力，是信息获取的高端人群。作为学习研究人员，他们需要大量专业知识。因此，高校图书馆阅读推广应为高校师生提供最新、最前沿的信息，能帮助他们掌握快速、全面、准确地获取信息的技能。

2. 阅读推广活动的内容

阅读推广活动的内容是图书馆阅读推广的核心部分，开展适合读者群体的阅读推广活动，才能真正达到阅读推广的目的。图书馆阅读推广活动内容为以下三个部分。

（1）馆藏资源的推广。图书馆拥有大量的馆藏资源，包括纸质资源和数字资源是读者获取信息的优选场所，图书馆以专题书展、专业书展的方式推广馆藏资源，在采购图书时开展“你荐我购”等活动。

（2）检索工具的推广。无论是纸质资源还是数字资源，读者更希望图书馆可以指引阅读，从而获取更新、更有价值的资源。图书馆可以开展书目推荐、借阅排行榜、好书排行榜等活动，同时帮助读者提高信息检索的技能。

（3）阅读理念的推广。无论图书馆多么重视并积极开展阅读推广活动，都不如读者对阅读的高度重视，因此传播阅读推广的理念，提高阅读在读者心中的重要程度十分必要。图书馆阅读推广活动开展时间的选择是相当自由的，根据不同时间段开展不同的阅读推广活动，才能达到更好的阅读推广效果。

3. 阅读推广活动的传播渠道

图书馆阅读推广活动的传播渠道可以扩大阅读推广的影响力，让更多的读者参与其中。目前可以采用的传播渠道有两种：一是传统的传播渠道，也称线下传播，以海报粘贴、通知等方式；二是新媒体的传播渠道，也称线上传播，以微博、微信公众号、图书馆主页、高校主页等方式。许多图书馆阅读推广活动的前期宣传、开展过程、活动评选等都采用网络平台。通过微博、微信等新媒体平台发布图书馆阅读推广活动信息，以点赞、投票等丰富的形式选出参与活动的获奖者，活动结果的展出供读者在线交流。网络能及时了解读者需求，拉近了图书馆与读者之间、读者与读者之间的距离。

4. 阅读推广活动开展的意义

（1）培养阅读兴趣。阅读兴趣是一切阅读活动的前提，只有让读者对阅读产生兴趣，发现阅读中的美，才能从阅读中获得真正的收益。因此，图书馆在举办阅读推广活动中，要从阅读兴趣出发，引领读者走进知识的海洋。

（2）养成阅读习惯。阅读习惯是一种健康的阅读方式，如果没有阅读的习惯，长此以往，个人的文化底蕴不会有所提升，思维见解也可能变得狭隘空洞。因此，图书馆在举办阅读推广活动中，应多宣传阅读习惯的重要性。

（3）指引读者阅读。大部分读者知道阅读的重要性，也对书籍有着浓厚的兴趣，但是面对海量的图书，不知道如何挑选。这时，图书馆可以根据不同专题进行分类、筛选、排序，为读者提供高质量的阅读选择。

（4）形成阅读素养。阅读素养也称信息素养，我们读的不仅仅是书，还是一种感悟，将书中的信息转化成自己的素养，应用到未来的生活实践中，是一种获取知识更是一种利用知识的能力。因此，图书馆在举办阅读推广活动中，还应该注重培养读者的阅读素养，如写作、书评、读书沙龙，都可以将阅读的知识潜移默化形成个人的素养。

二、图书馆阅读推广服务创新

图书馆行业一直关注阅读，而阅读推广属于阅读的管理与服务，图书馆阅读推广本质上就是一种创新服务。进入信息时代后，信息生产和传播方式的改变导致全球范围内的全民阅读行为发生了深刻的变化，图书馆作为知识门户或公共信息中心的地位被动摇。为了应对挑战，图书馆人将服务营销和推广的理念引入图书馆服务，不断探索各种新的服务方式。阅读推广这种主动介入读者阅读行为的服务就是新探索的结果，图书馆还在进一步创新阅读推广服务。

（一）建立基本的组织结构

公共图书馆在建立基础的阅读管理机制时，要强化建立基本的组织结构，安排相应的读书活动，以促进读者的整体发展，相关管理人员要对读者进行正确的阅读引导。各地公共图书馆的相关管理人员，可以根据地区的发展状况建立相应的阅读推广委员会，保证对当地群众的阅读体验进行优化的辅助，并且要集中力量利用好当地的基础环境，积极推广相应的阅读活动。对图书馆的发展来说，基本的阅读推广委员会应该融合当地各行业的专业人员，组成具有一定专业素质的领导机构，集中安排相应的阅读推广活动以及创新服务形式，将整体的阅读项目作为地区和图书馆发展的基础动力和物质资源。对各公共图书馆来说，建立阅读推广委员会能有效提升阅读服务的水平。

（二）创建基本的服务模式

一个人对于阅读的需求，最开始是取决于其年少时的教育程度，在人们年少的时候，所受到的教育会对其未来的阅读习惯、阅读频率带来很大的影响。图书馆一方面要建立基础的阅读辅导机构，优化基本的服务模式，对读者进行正向的心理疏导，尤其是年龄较小的读者，辅助他们进一步优化基本阅读习惯的养成。

图书馆工作人员要针对读者的阅读感受进行指导，引导他们参与阅读、享受阅读，保证读者可以利用良好的阅读体验进行自我能力优化提升。图书馆的相关管理人员，要秉持以人为本的理念建立更加优化的基础服务模式。

（三）创新发展图书漂流角

最早开展图书漂流活动的是德国，倡导人们将自己读过的书放置在统一的位置，别人可以自助阅读，读完之后再进行下一轮的漂流，这样做不仅能增加人们的阅读经历，还能有效建立人与人之间的信任。

社会上的图书漂流，以图书馆为主体，具有充沛的环境资源。各地图书馆可以按照相应的种类对图书进行集中分类，将相应的图书安排在相应的图书漂流角，利用创新型的服务结构和服务手段提升社会大众的阅读兴趣，将图书漂流角作为系列活动，吸引读者参与其中。只有发挥良好的带头作用，才能逐渐影响其他的读者，将图书漂流角做得更加系统和规范，从根本上提升整体阅读推广和服务创新项目的开展。

（四）设立基本的自助机构

通常喜欢进入图书馆读书的读者，都会合理利用自己的业余时间。实际上，自主读书能力是需要被着重培养的，图书馆要建立健全阅读推广的自助机构。管理人员要建立群众自助阅读组织，更好地辅助读者进行书籍的基础阅读，并对相应的阅读心得进行集中关注和互动。另外，图书馆管理层要给予图书馆必要的资金支持，辅助图书馆更好地引进相应的书籍，开展相应的活动。图书馆的阅读推广项目要鼓励读者增大阅读量和阅读范围，对于有意义、有价值的图书进行社会性的阅读推广。另外，自助机构的建立能有效提升读者的自主意识，能更好地辅助读者开展阅读活动。

（五）开展基本的阅读交流

图书馆要建立健全的阅读交流机制，促进读者对自己的阅读感受和阅读体验进行良性的输出，鼓励读者进行群体交流，促进读者建立互相学习的互动模式。另外，可以根据读者的阅读经历进行相应创新型项目的开展，鼓励他们建立多样化的阅读交流体系，图书馆的相关管理人员要充分利用读者的思想特质，建立健全相应的交流结构，辅助他们在交流中提升自身的阅读素质。在设计基础交流活动时，不需要过多的华丽设置，只要增设相应的交流场地，利用最为平实的交流体系，就能促进读者提升实质化的交流互动。

第三节　图书馆阅读推广服务机制

一、图书馆阅读推广机制概述

（一）图书馆阅读推广机制的含义

图书馆阅读推广机制是指在阅读推广服务中，以促进图书馆各类文献信息资源充分高效利用，给读者创建良好的阅读平台为目的，并用一定的运作方式把阅读推广构成要素的各部分联系起来，使它们协调运行而发挥作用。阅读推广机制能够合理调动并利用图书馆的各种资源，明确各相关部门的工作任务，调动其工作的积极性，认真策划、筹备、组织和实施相关的阅读活动。阅读推广机制是阅读推广工作制度化、规范化的重要保障，对建立和创新阅读推广品牌活动将起到积极作用。

（二）图书馆阅读推广机制的构成要素

1. 决策保障机制

建立图书馆阅读推广机制，即把各个部分统一起来，做到完善规章制度的制定、经费使用来源的确立、组织间的协调共进、内部人员的合理调配、推广人才的培养与选拔、阅读推广目标任务的确立等。此外，还要做到统筹安排、合理规划，以科学的理论和先进的理念指导阅读推广工作的持续开展，不断提高阅读推广服务在图书馆业务工作中的地位和独立性。

2. 沟通互动机制

沟通指的是信息传与受的行为，发送者凭借一定的渠道，把信息传递给接受者，以寻求反馈并达到相互理解的过程。沟通是阅读推广服务中重要的组成部分，图书馆建立沟通互动机制旨在了解读者阅读需求，掌握读者阅读特点及阅读心理，寻求读者反馈意见，及时掌握阅读推广活动组织策划中存在的问题与不足，调整工作方案，提高服务的质量和效果，变被动为主动，消除信息不对称现象。

3. 推广阅读机制

推广阅读机制是图书馆阅读推广活动付诸组织、策划和实施的组成部分，它包括活动内容、活动特色、活动方式、活动管理、活动品牌等一系列具体行为。推广阅读机制要做到整体规划阅读推广活动的类型、规范与总体目标，以数字网络技术为支撑，以制度为保障，以读者为中心，以服务为本位，传播阅读理念，传递阅读价值，推进阅读推广工作的深入开展。

4. 联合协作机制

阅读推广联合协作机制旨在整合、盘活图书馆的馆藏、人才、技术，上下联动，合作开展阅读推广活动。扩大活动的受众范围，让更多的人参与到活动中来，使阅读推广活动的开展取得最好效果。例如，高校图书馆阅读推广联盟有校内联盟和区域联盟，校内联盟包括与学校团委、宣传部、学工处、教务处、学生社团等的联盟。区域联盟是以地域为中心建立的高校图书馆联合协作组织，目的是促进地区图书馆事业的发展，信息资源的联合共建共享及地区间高校图书馆的合作交流。图书馆阅读推广活动要取得最佳效果，就需要依靠联合协作。

5. 绩效评估机制

绩效评估机制的建立，首先，能够考核阅读推广主体的工作绩效，激发推广人员的积极性，提高服务质量。其次，可通过行为性指标体系的衡量，对活动效果进行有效的评价和追踪，并按照效果指标的反馈情况改进下次活动的方案。阅读推广绩效机制的建立，是高校阅读推广活动逐渐走向成熟与完善的重要标志。应运用科学的方法、标准及程序，对行为主体和评定任务有关的绩效信息进行收集、观察、组织、提取、整合，并尽可能做出标准评价。

二、新时期图书馆阅读推广机制构建

（一）健全阅读推广组织机制

很多图书馆的阅读推广工作之所以不能够长久有效地开展，是因为没有建立相应的组织机构来统筹指导、协调安排各方面工作。建立健全的阅读推广组织机制，有助于各地区图书馆在阅读推广工作中协调各方的工作、统筹安排阅读推广活动、合理利用各级各类资源，使阅读推广活动能够得到专业的指导，得到真正落实，从而提高阅读推广活动的效率，真正达到促进读者阅读、丰富社会阅读文化建设的目的。地方的阅读推广工作要由图书馆牵头，设立以图书馆为主体的阅读推广工作委员会，致力于研究各年龄段读者的阅读状况、阅读特点、阅读需求等，制订符合不同年龄段读者特点的阅读推广方案，组织一系列有针对性的阅读指导工作，协助各群体成立读者协会、读书学会等阅读组织，丰富并充实阅读推广活动的参与主体，使读者不仅成为阅读推广活动的受益者，也成为阅读推广活动的积极参与者。因此，建立健全阅读推广的组织机制，是新时期各地图书馆阅读推广工作有效开展的重要保障。

（二）建立阅读推广长效机制

阅读推广是通过开展一系列人们喜闻乐见的推广活动，激发人们阅读意识、培养人们阅读习惯的活动。行为心理学研究表明，习惯是一种行为的不断重复的形成。阅读习惯同样要经过不断的重复，使之成为一种潜在的需要，进而成为一种稳定的习惯。因此，图书馆阅读推广工作要想取得成效，不是一次、两次阅读推广活动就能实现的，一定要建立阅读推广工作的长效机制。各地公共图书馆要把阅读推广工作作为常规工作来抓，使之常态化、长效化，强化长效意识、建立反馈机制、制订长期规划，形成阅读推广的长效机制，通过开展图书漂流、微书评等活动，使阅读推广活动无时无处不在，成为建设“书香社会”的重要力量。

（三）完善阅读推广合作机制

阅读推广的合作机制是指各地区公共图书馆在新时期打破传统各自为政的阅读推广模式，通过加强与周边地区其他图书馆或公共图书馆的协作，创建阅读推广区域馆际联盟，制定区域联盟阅读推广相关制度，逐步完善区域内阅读推广的合作机制，形成阅读推广活动的规模效应，协调区域内各联盟成员馆开展联合的阅读推广活动，从而发挥区域联盟的联动效应，最大限度地扩大阅读推广活动的影响力。具体来说，以微阅读为例，各地公共图书馆阅读推广区域联盟通过建立联盟馆阅读推广微平台，分享、转发联盟馆微平台发布的微推荐、微阅读、微讲座、微书评等读者（尤其是年轻读者）乐于接受的推广内容，不仅可以节约活动成本，还能提升阅读推广活动效果。

（四）建立创建阅读推广品牌机制

推广就是扩大事物的使用范围及影响范围，阅读推广则是将阅读活动推向更广的范围，使其参与的人数更多，影响的范围更大。在新时期，如果把阅读推广活动当作图书馆的一个品牌来抓，提升阅读推广的品牌理念，使阅读推广成为书香社会的特色品牌，一定能产生很大的品牌效应，引起更多读者的关注，从而达到推而广之的目的。但品牌的打造需要时间的积淀和服务的积累，这对图书馆来说，是挑战也是机遇。各地公共图书馆要勇于自我加压，在创建阅读推广品牌的推动下，完善阅读推广手段，提升阅读推广水平，扩大阅读推广的影响范围。

（五）加强阅读推广评价机制建设

建立阅读推广的评价机制是新时期阅读推广活动有效实施的重要保证。图书馆应建立一套基于读者视角的阅读推广活动评价机制和反馈体系，通过追踪读者的知晓度、参与度、满意度、认可度等相关要素，了解读者感知和参与阅读推广活动的程度，以便更好地引导图书馆阅读推广活动的开展，及时调整阅读推广活动方案。

三、阅读推广活动机制创新

图书馆的作用非常重要，要想促进阅读推广活动的发展和完善，就需要各地区图书馆不断加强机制研究和创新。要想创新机制，首先，需要创新理念。图书馆管理人员需要将阅读推广作为自己的使命。公共图书馆作为社会文化的集散地，更应该充分认识到阅读推广活动的重要性。只有从思想上端正了认识，才能更好地服务读者，推广阅读。其次，进行阅读推广活动机制创新，一方面需要致力于阅读推广服务平台的建设，另一方面要积极引导社会的各种力量共同参与阅读推广运作机制。

（一）阅读推广服务平台建设

图书馆是社会文化建设的一部分，是包容性最强的文化空间。同时，它也是图书推广活动的重要参与机构，它在馆藏资源、设备、服务等方面保证着阅读推广活动的展开。不管是社会群众组织还是图书馆自身举办图书推广活动，图书馆都可以借助自身丰富的馆藏资源提供充足的文献资源保障，建立推广活动平台，完善推广活动功能。

（二）建立各种力量共同参与的运作机制

1. 加强图书馆与各级地方政府部门、群众组织、各类网站、媒体合作

图书馆阅读推广活动不仅需要图书馆本身进行，还需要进行宣传。比如，开展文化大讲堂活动进行图书阅读的推广，高校资深教授或者权威教师可参与，群众组织、网站和其他媒体通力合作进行积极的宣传，让更多的读者了解和参与，提高文化大讲堂的知名度和影响力。

2. 及时补充所需图书，方便阅读，满足不同群体的阅读需求，为图书推广活动打下坚实基础

这一工作的完成，需要图书馆管理人员扎实工作，认真仔细做好本职工作。

3. 积极引进图书馆阅读推广策划人员参与图书馆管理事业

目前，我国图书馆管理人员专业背景比较单一，视野不够开阔，对图书推广活动的策划缺乏专业的技能和经验，需要积极引进图书阅读推广活动策划人员，发挥他们的专业技能，实现低成本、高参与度、大影响力的活动推广，最终提升读者的阅读兴趣。此外，目前我国公共图书馆的阅读推广机制是实行招标的形式，通过向社会招标来获得策划和推广项目安排，可达到最大限度地获得社会资源优势的效果。

第二章　图书馆阅读服务

第一节　图书馆阅读文化

一、阅读文化概述

（一）阅读文化的界定

阅读文化是一种阅读价值观念，它的形成以一定的技术形态和物质形态为依托，并且受社会意识和环境制度的制约。作为一种社会文化系统，阅读文化的结构可以分为功能与价值、社会意识与时尚、环境和教育三个层面。

1. 功能与价值层面

阅读的功能由阅读者的阅读动机决定，一个因喜欢书籍作者而决定阅读的人，其阅读就是为了达到与作者之间的思想对话、精神交流，就是通过阅读作者的书籍来拉近与作者的心理距离，进一步增加对作者的认识，开阔思想的境界。一个因专业知识补给需求而决定阅读的人，其阅读的功能是有针对性地充电，是功利性地获取知识，是突击式地摄取营养。

阅读的价值，与读者自身的阅历、知识背景、阅读兴趣、思想沉淀相关，通过阅读可以倾听作者的声音，感悟作者的故事，体会作者的感受；可以增长读者的见识，开阔读者的视野，提升读者的思想；可以在精神上获得愉悦，在价值观上得到塑造，可以在知识上进行量的累积，在思想上进行质的飞跃，在情感上达成与作者的共鸣。

通过阅读，读者会找到自己的方向，发现自己的兴趣点，从而更好地认识自我，改造自我；通过阅读，读者会在书本上获取知识，吸取经验，从而在实践中更好地解决问题、处理问题。通过阅读，读者会找到自己的精神慰藉，探寻到自己的精神导师，会因为认同某个作者的观点，而喜欢上读者的书籍，而作者也会因为作品受到读者的喜欢与鼓舞，激发再创作的欲望与兴趣，生产出更好的作品供读者阅读，进一步促进文化事业的发展。

2. 社会意识与时尚层面

阅读作为一种社会文化现象，必然要受到各种社会因素的影响和制约。一个热点事件的出现、一股时尚风潮的波动都会对阅读产生影响。当下，由于信息流动速度的加快、信息传播面积的扩大，阅读内容在短时间内就能得到快速生产，阅读效果在短时间内就能得到快速仿效。

3. 环境和教育层面

环境和教育因素是阅读文化产生和发展的物质基础。良好的阅读环境、优质的教育资源，必然有益于好的阅读文化的生产与发展。阅读是文化消费、文化生产的一部分，对人们的影响是精神境界的，是意识层面的，属于上层建筑。经济基础决定上层建筑，对一个作家来说，如果没有安静的创作环境，没有接受过良好的教育，没有足够的物质基础来保证自己的内容输入，就不会创作出好的作品。对读者来说，如果每日忙于生计，困于温饱问题，就不会有心思来阅读，就不会有金钱来购买书籍，更不会有时间来潜心品读。

（二）阅读文化的特征

1. 群体性

阅读文化不是指个别人的阅读观念和阅读行为，而是指一个社会、一个民族或一群人共同形成并享有的阅读理念和阅读行为特征。一种被认为是文化的思想或行为必须被一个民族或一群人共同享有或被大多数人享有。阅读文化被社会群体积累、传承和推广，并依附于社会，不同的社会有不同的阅读文化。

2. 时空性

任何文化都是在一定的时间和空间形成的，阅读文化也不例外。阅读文化的时间性是指阅读文化形成和发展中的阶段性、延续性和间断性。阅读文化有发生、发展、成熟和衰亡的过程，也有复兴、重构、再生的过程。从口耳相传到文字记录，从手抄本时代到印本时代，再到电子图书时代，阅读文化的进化体现为一个历史的过程，不同阶段的阅读文化因时代的不同而呈现出差异性。阅读文化的空间性是指阅读文化发展中的地域性。不同地域的政治、经济、习俗、语言等形成独特的阅读文化模式，从而呈现出鲜明的阅读文化空间特征。

3. 关联性

阅读文化是社会文化现象之一，与一个社会或民族的政治文化、经济文化、传统文化、民俗文化等各种文化相关联。阅读文化不会独立存在，而是在一定的社会文化背景下形成和发展，也影响社会文化的发展。

（三）阅读文化建设的意义

1. 阅读文化建设有助于提升民族精神境界

民族精神是民族长期积淀而形成的体现本民族性格和哲学理念的思维特征，构成特定的民族价值观，影响民族的发展。一个民族的灵魂深受这个民族的群体阅读进程的影响。一个民族的阅读文化是民族精神的写照，阅读文化深受民族精神的影响，同时阅读文化也影响民族精神的发展。公民素质的提高离不开社会阅读的普及和书香社会的建设。一个民族的精神境界，在很大程度上取决于全民族的阅读水平。因此，阅读文化建设是提升民族精神境界的重要途径之一。

2. 阅读文化建设有助于社会文化持续发展

阅读是人们接受教育、发展智力、获得知识信息的最根本途径。阅读文化建设关系到整个社会的文化品质和可持续发展的潜力问题。当前人们正面临着一个前所未有的视觉文化时代（“读图时代”）。从比较的意义上说，人们越来越多地受到视觉媒介的支配，“传统的阅读在某种程度上经历着‘边缘化’，而各种视觉文化实践则独领风骚”。

视觉文化的异军突起对阅读文化造成某种程度的压制和排斥。在大量视觉媒体急速扩张的条件下，如何有节制地控制视觉媒体对公众闲暇时间的侵占和剥夺，如何倡导和鼓励一种阅读文化，提倡从小开始培育良好的阅读习惯和兴趣，是当代文化建设中一个不可推诿的严肃任务。阅读文化建设有助于社会文化的持续发展。

二、图书馆阅读文化意蕴与建设

（一）图书馆的阅读文化意蕴

1. 图书馆工作者的素质是阅读文化意蕴的基础

图书馆工作者必须经过一定的专业培训，获得一定层次的专业资格证书。图书馆专业知识中最核心的部分是图书的分类和编目。图书馆工作者不但要熟悉图书馆中的图书，而且要熟悉《中国图书馆分类法》，只有这样，才能把图书分类摆放，便于读者查找、借阅。图书的编目包括图书的著录、标引和目录的组织。图书的著录是根据著录规则，对图书的内容特征和形式特征进行描述；图书的标引包括分类标引和主题标引两方面；目录的组织是将各种款目有序地组织起来，目录是读者检索图书的主要工具。

图书馆工作者除了要具备专业知识外，还要有广博的知识结构，包括学科知识、外语知识、计算机操作能力、工具书使用能力、普通话水平等。图书馆工作者只有具备多元化的知识结构，才能为阅读推广工作奠定坚实基础。

2. 阅读环境是阅读文化意蕴的外在因素

图书馆的位置应选在安静的地方，图书馆的房间应保持宽敞明亮，室内空间的色调应采用柔和的暖色调，使读者保持轻松、平和的心态。墙壁上可以悬挂精美的书画、张贴格言，在醒目的位置可以张贴推荐书目、新书海报、图书封面、摄影图片。图书馆内可以摆放鲜花和绿色植物，选择适合青少年的音乐，营造良好的阅读氛围。优美的阅读环境使读者感到舒适，且会不知不觉受到文化的熏陶。

3. 馆藏资源是阅读文化意蕴的内在因素

只有具备丰富的馆藏资源，才能有足够的阅读素材。图书馆工作者要重视馆藏资源的广泛性和学科的完整性，调整优化文献结构，切实建立起一个藏书数量足、质量高、结构合理、各类文献齐全的阅读资源体系，适应信息时代的发展。图书馆文献资源建设应该是多元化知识载体建设，它不仅包括传统的印刷型文献资源，还包括了现代电子型、数字化资源以及声像结合的音像资源，各类资源互为补充，从而建立多层次、综合性的文献资源体系。图书馆工作者采购前开展读者需求和阅读倾向的调查，广泛征求意见。图书馆工作者根据读者的需要引进新书，教学类的书籍适应教学改革的需要；课外读物注重质量，符合学校师生的阅读特点；还要顺应时代的发展，引入多媒体资料，并建立电子阅览室，丰富电子阅览室的资源。

4. 阅读活动是阅读文化意蕴的核心

读者的阅读活动体现了读者的文化素质，也是阅读文化意蕴的核心，图书馆开展阅读活动的方法有以下三种。

（1）根据读者的兴趣、特长开展阅读活动。不同年龄段的读者有不同的兴趣和特长，图书馆的各类书籍可以满足不同层次读者的需求。图书馆工作者开展阅读活动时可与相关读者群的兴趣、特长结合起来，尊重他们的兴趣、特长，使读者真正喜欢阅读。根据读者群的类别、个性组织兴趣小组，开展文学家园、英语沙龙、计算机小博士之家等活动，因势利导，发挥群体效益，激发他们的兴趣和阅读动机，活跃阅读心理，培养良好的阅读习惯。还可以组织群体阅读，然后让他们一起讨论作品情节，发挥想象，改写或续写结局，比如，让学生将喜爱的人物、情节画成动漫作品。

对儿童来说，可以举办故事会，让儿童自由讲述故事，通过讲故事比赛，锻炼口才；开展读书征文活动，紧跟时事，让读者关心国家大事；进行才艺表演，给读者提供更多展示自我的机会，增强他们的自信心。举办演讲比赛，向读者推荐有关演讲的书，提高他们的演讲水平，锻炼他们的语言表达能力。通过多种阅读活动激发读者的兴趣，发挥他们的积极性，从而使他们热爱阅读。

（2）利用重大节日开展大型阅读活动。图书馆是实施社会教育的重要阵地，图书馆工作者可配合开展各种丰富多彩的读书活动，充分利用重大节日来开展阅读活动。这不仅能使图书馆的形象和地位得到提升，还有助于更多人参加到阅读活动中来，激发更大的阅读兴趣。通过这些灵活、开放的阅读活动，在寓教于乐中增长读者的知识，培养他们的阅读能力。

（3）以各种形式来引导人们参加阅读活动。各地区的公共图书馆可以设立书目和专题书架，图书馆工作者要推荐好的书目，有针对性地向人们提供各种学习信息，通过阅读来拓宽社会群体的知识面；采取“寓教于乐”的方式开展阅读活动，以此吸引读者，使他们养成良好的阅读习惯；可举办“好书大家读”活动，评选出优良的图书；推出读书文化节，开展主题新颖、内容丰富的活动及比赛；举办讲座、培训班、读书夏令营、读书征文、公益报告会、图书展览等活动；举办名人名家见面会，做正面的阅读引导；与大众传媒结合录制阅读节目。

（二）图书馆阅读文化建设

1. 图书馆阅读服务建设

图书馆阅读文化建设的一个重要指标就是阅读服务质量。图书馆馆员应秉承服务至上的理念，以科学的管理方法与服务手段，为用户提供高质量的阅读服务。当前可以从服务内容与服务手段两方面对阅读服务建设情况进行评价。图书馆阅读文化建设工作的开展，一方面要求针对用户群体的需求开展阅读文化活动，另一方面需要保障服务内容的新颖性，以提升用户对阅读活动的兴趣。在服务方式上注重创新与创意，注重体现时代性与科学性，并需要运用新媒体工具满足多样化的阅读需求，力求在深入调研的基础上制订科学的服务方案，以保障阅读服务的针对性与实效性。例如，上海图书馆在分析用户阅读需求的基础上，推出了移动图书馆与“一卡通”外借阅读服务，极大提高了用户参与阅读活动的便利性，也丰富了图书馆的阅读服务内容。

2. 图书馆阅读环境建设

图书馆阅读文化建设的开展要求为用户营造良好的阅读环境，让用户在阅读过程中获得轻松、愉悦的感受，进而提升用户在阅读文化建设中的参与度。首先，图书馆可以从阅读空间布局、室内装饰等方面入手，力求通过室内环境规划、美化等方面营造良好的氛围，以物理环境美化为阅读文化建设创造条件。图书馆作为用户获取知识、提升文化素养的场所，也需要营造良好的人文环境，力求将阅读空间变为传承与传播文化的平台。

用户在具有人文意蕴的阅读环境中能够受到感染，获得内心的宁静，提升用户的阅读效率，也可以吸引更多热爱阅读的用户。例如，浙江省图书馆在阅读文化建设方面注重营造良好的阅读环境，阅览室设置的座位超过 500 个，应用了现代化影像设备与虚拟展厅板块，让用户有身临其境的感觉，也是用户阅读学习的理想场所。

3. 图书馆阅读资源建设

馆藏资源是图书馆开展阅读文化建设的基础，也是吸引用户的根本条件。图书馆需要综合运用先进技术与新媒体工具，积极调整馆藏资源结构，增加馆藏阅读资源种类与数量，推出在线阅读、电子刊物等服务，以满足新媒体环境下用户的移动阅读需求。同时，图书馆需要根据相关政策积极调整文献布局，力求凸显自身的阅读资源特色，并通过不断充实、完善与发展，逐渐形成独具特色的阅读文化。例如，安徽省图书馆结合阅读文化建设需求与本省特色，构建了特色数字资源导航栏，收录了具有安徽本地特色的工艺美术、戏曲等资源，并且开展了一系列与安徽本地文化相关的阅读文化活动，突出了省级图书馆的馆藏资源优势，也吸引了更多用户的关注。

第二节　图书馆读者服务

读者服务工作是图书馆的基本职能，更是图书馆一切工作的归宿和出发点。现代化技术在图书馆工作中的应用，给图书馆读者服务工作带来了新的变革，使读者服务工作的方法越来越多样化、科学化、现代化。作为图书馆工作人员，要以读者为中心，运用各种方法，全方位、高效益地为读者服务。

一、读者心理与读者服务

（一）读者的阅读需求

在读者的阅读心理中，阅读需求是最本质、起着主导作用的心理因素，它影响和制约着读者各种心理活动现象，是决定读者阅读行为最根本的动力。要了解和掌握读者心理及行为产生与发展的规律，必须从读者的阅读需求出发，对读者心理特征进行了解。

读者在阅读活动中所表现出来的阅读需求多种多样，这些多种多样的阅读需求大体上可以归纳为三种类型，即社会型阅读需求、专业型阅读需求、研究型阅读需求。

1. 社会型阅读需求

社会型阅读需求是指在各个不同的历史阶段中表现出的许多读者共同具有的社会性特点的阅读需求。它反映了强烈的时代特征和社会发展潮流的需要。如在某一个特定的历史时期，许多不同职业、不同文化程度、不同兴趣爱好的读者群，为适应社会潮流发展的需要，比较集中地共同阅读有关的文献，使某些文献一度成为社会上的畅销书和阅读热点。

2. 专业型阅读需求

专业型阅读需求是指从事学习、工作、研究等专业活动的读者所提出的文献需求。这种阅读需求往往同读者所从事的专门业务工作、专业学习和研究实践活动紧密相连。实践活动决定专业需求的内容、范围和重点；而专业阅读需求的满足、专业知识技能的提高、具体问题的解决，又进一步推动了专业实践活动的深入发展。由于专业阅读需求与实践活动在内容、目的、时间、范围上的高度一致，因而体现出鲜明的职业特征，使阅读活动和社会实践稳定、持久地向着同一方向发展。

3. 研究型阅读需求

研究型阅读需求是指为了解决某一研究课题，完成所担负的具体研究任务而产生的阅读需求。具有研究型阅读需求的读者往往是围绕着研究内容组织和开展阅读活动，其阅读目的是通过阅读来了解课题的研究动向，掌握课题的研究水平。因此，这种阅读需求所涉及的阅读范围具有长期的指向性和专业性，体现出较强的任务规定性特征。读者在研究活动的各阶段中，根据不同的研究进展，提出对文献的具体内容范围和要求。任何承担了科研任务的读者，受研究任务的制约，都会表现出强烈的研究型阅读需求。

除了上述的三种阅读需求外，还有业余型阅读需求，具体指读者为了打发、消磨时间所进行的阅读活动。

（二）读者服务

读者服务是指图书馆教导读者使用图书馆资源与服务或为读者选择适合的阅读书籍，并解答读者各种问题，包括阅览服务、参考服务与推广服务。负责读者服务的馆员必须经常与读者接触，因而应善于观察，并具备丰富的知识，具有亲和力以及正确的判断力等。

二、图书馆读者服务工作

（一）图书馆读者服务工作特点

1. 服务理念多元化

图书馆是公开、免费获取知识的场所，随着经济的全球化发展，图书馆的服务理念也发生了巨大的变化。将市场思维带到读者服务工作中，依据社会公众对图书资源的需求，不断优化图书馆的图书类型，从而为读者提供优质的服务，是新时期图书馆持续发展的重要手段。同时，将部分读者服务工作有偿化，结合图书馆公益活动，能够构建新型的读者服务模式。

2. 服务方式现代化

在图书馆的传统服务中，图书租借、文献搜索及宣传资源等工作的开展已经无法满足当代图书馆发展的需求。随着经济的快速发展，人们越来越注重时间价值，如何在有效的时间内获取更有价值的知识已成为社会发展的共识。利用计算机网络技术和数字化技术构建图书电子系统，能够降低图书馆的服务难度，提高服务效率，促使图书馆服务工作朝着便捷、有效的方向发展。

3. 服务对象社会化

要想实现图书馆的大众教育功能，提高社会公众的道德素养与文化素质，相关部门需加大图书馆的开发力度，整合有效的数字资源，积累更多有价值的文献资源，让社会公众都能够从图书馆内获得自己想要的图书或资料，实现用户至上、服务第一的发展理念。

（二）图书馆读者服务工作的优化

1. 深化读者服务方法

首先，在图书馆读者服务管理过程中，明确服务内容、目标及发展方向是保证服务效果的关键部分。因此，相关部门及图书馆管理人员应不断优化读者服务方法，不断扩充图书馆馆藏，使图书馆朝着深度与广度的领域发展，为读者提供更加丰富的知识服务，满足读者多样化的需求。其次，发展个性化服务模式。从图书馆的角度出发，以读者需求为中心，同时结合读者的个性化需求，利用信息化技术综合分析读者的真实需求，并依据最终的数据分析结果制定相应的服务策略。最后，提高读者服务的技能化水平。要想提高图书馆服务的技能化水平，应重视馆员自身服务技能的培训工作，为读者营造人性化的服务环境。

2. 注重馆员创新意识的培养

在图书馆的发展过程中，优质的读者服务能够吸引更多的读者，为图书馆的可持续发展提供基础保障。在信息化时代的背景下，只有不断创新，提高自身竞争实力，才能做好读者服务工作。在这样的情况下，馆员应该重视创新意识的培养，构建创新体系，提高服务水平。

3. 扩大读者群体

在图书馆管理过程中，读者是服务工作的主体，不断扩大读者群体，能够增加图书馆的客流量，促使图书馆进行自我提升，为读者服务工作的开展奠定坚实基础。因此，在图书馆读者服务管理过程中，除了优化读者服务方法、培养馆员创新意识外，还应该重视扩大读者群体工作，积极开展市场调研，大力发展读者，从而将潜在的读者转化为稳定的读者，为图书馆的持续发展提供基础保障。同时，馆员还应该定期组织读书活动，举办图书馆活动提升图书馆的社会地位，充分发挥图书馆的教育功能，吸引更多的人积极参与到读书活动中来。

4. 构建绿色通道

为了满足特殊读者的阅读需求，图书馆应构建绿色通道。如通过构建残疾人读书特殊通道，满足残疾人的阅读需求，组织馆员或者义工为其提供专门的服务；对于贫困家庭或地区的儿童，图书馆可以为其提供免费服务，赠送他们爱心读书卡，通过共享图书资源扩大他们的知识层面。

5. 开展多元化服务

图书馆作为公共服务机构，为了满足读者的多样化需求，提高读者服务效率，可以利用信息化技术构建网上预约系统，读者预约图书后为其提供送书上门的活动，满足读者足不出户阅读的服务需求。同时，也可以构建数字图书馆系统，读者通过注册个人信息获得图书资源，然后通过数字检索获取电子书籍，达到网上实时阅读的目的，这样能够节省大量时间，充分体现图书馆读者服务的人文关怀。

第三节　图书馆参考咨询

一、图书馆参考咨询概述

（一）图书馆参考咨询的概念

图书馆参考咨询即图书馆的参考咨询服务，在不同的时代、不同的国家有着不同的理解和表述。我国图书情报学术界普遍认为参考咨询是图书馆为读者或用户利用文献和查询资料提供帮助的一系列工作，以协助检索、解答咨询和文献研究等方式向用户提供事实、数据、文献检索和研究报告，是图书馆开发信息资源的重要手段。

（二）图书馆参考咨询的特征

1. 服务性

服务性是指参考咨询工作从本质上说是一种知识信息服务。图书馆业务工作内容广泛、环节众多，但同时是一个由一系列相互联系的工作环节组成的有机整体。参考咨询服务属于读者服务工作范畴，是图书馆传统读者服务工作的延伸。

2. 针对性

针对性是指参考咨询工作要针对用户的具体要求，必须有的放矢地开展个性化的服务。例如，有读者到图书馆询问在图书情报工作中应用微电脑查询方面可以阅读哪些读物，参考馆员应当围绕这个问题组织文献，编制题录、索引，向读者提供这方面的知识或关于这方面知识的文献、文献线索。

3. 实用性

实用性主要是指参考咨询工作目的的实用性。尽管各类型图书馆参考咨询工作的任务各不相同，但总体而言，参考咨询服务的出发点和归宿都是为了满足社会需要，解决用户在生活、工作和学习中遇到的实际问题，实现其强化情报和教育职能。

4. 智力性

智力性是指从业务上说参考咨询属于一种知识密集型劳动。参考咨询工作是图书馆馆员与读者之间进行的知识信息的传递、交流与反馈的智力运动过程。

5. 社会性

社会性是指参考咨询工作是一种开放性的服务系统，与社会息息相通。参考咨询服务是图书馆馆员对读者在利用文献和寻求知识、情报方面提供帮助的活动。随着现代信息技术在图书馆中的广泛应用，参考咨询的社会化程度日益加深，服务范围也进一步扩大。

二、数字参考咨询服务

（一）数字参考咨询概念

数字参考咨询服务是一种基于互联网帮助服务机制，1984 年在美国马里兰大学图书馆首次倡导，主要是指在数字化、网络化的信息环境下，图书馆利用网络、计算机工具和技术，将馆藏资源与网络信息资源进行收集、整理和加工，通过电子邮件、实时问答等多种方式向用户提供的参考咨询服务。这种全新的读者服务模式已逐步发展成为图书馆的核心业务之一，成为现代图书馆的主流发展方向。

（二）数字参考咨询服务的一般流程

图书馆数字参考咨询服务的运行流程大致包括以下五个步骤。

1. 用户提出问题

当用户使用图书馆时，可以根据自己的服务需求，选择适合的咨询方式发送自己的问题。

2. 问题筛选、分析和分配

图书馆网站对接收到的问题进行筛选、分析和分配，对于超出范围的问题，退回给用户；范围内的问题，首先查询之前的问题和保存问题的文档，是否有相匹配的问题答案，一旦没有匹配成功，则把提问提交至咨询人员或专家。

3. 解答问题

咨询人员或咨询专家根据已有的知识或可查询到的资源解答出题目答案。

4. 答案发送用户

把在保存问题的文档中匹配出的问题答案，或者咨询人员做出的答案发送给用户。

5. 跟踪和反馈

对接收到用户问题进行解答与回复的整个运作流程进行监控，同时针对提问与用户保持及时沟通，确保服务的质量与效果。当一个题目解答完毕后，将自动对题目及解答存储至知识库，以便再有相似题目的查询使用。

（三）数字参考咨询服务的主要方式及特点

图书馆数字参考咨询服务有多种服务方式，多种服务方式使用不仅能够消除由于地理原因造成的读者用户的信息隔阂，还能够为其提供更准确的信息，方便了馆员与用户之间的交流同时使读者用户的问题能更直接快速得到解决。

1. 非实时参考咨询

（1）常见问题解答。“常见问题解答”（英文缩写为FAQ）是开展数字参考咨询服务的高校图书馆几乎都会用到的一种咨询服务的方式。参考咨询人员把用户使用过程中的一些具有普遍性的问题进行归纳整理，收录进常见问题库。用户再遇到类似的问题时就可以直接查询到答案，既节省了用户的时间，又避免了馆员的重复劳动。它的缺点是，它仅仅能够提供一些关于使用图书馆的方法及服务的问题，对于一些专业性的问题并没有涉及。

（2）电子邮件参考咨询。电子邮件参考咨询是最早的数字参考咨询服务方式，图书馆网站提供电子邮件地址，用户把自己在使用过程中遇到的疑问以邮件的形式发送至指定的邮箱，馆员也同样通过邮件对问题进行解答。

还有一种是基于电子邮件的数字参考咨询方式，是用户填写有固定问题的表单表达自己的问题和需求，然后进行提交发送，馆员通过邮件给予解答。

这两种方式都比较简单，但是存在一定的局限性，首先读者用户必须有固定的邮箱，其次由于电子邮件的延时性使得馆员对用户的问题并不能给出及时解答。

（3）网络论坛、留言板、微博。网络论坛是一个讨论系统，所有人都能就自己有兴趣的内容与其他参与者互相交流讨论，并自由地发表意见和见解，网络论坛具有交互性、自由开放性、异步性等特点。

留言板是借助网络论坛的电子信息服务系统开展的数字参考咨询服务。用户可以通过留言板和网络论坛在高校图书馆的网站上留言进行咨询并获得答案。

微博也是一种数字参考咨询的服务方式，用户可以通过对高校图书馆的官方微博进行评论或者留言来表述自己的问题。

这三种数字参考咨询服务的方式优点是用户可以浏览查看共享其他用户的问题及答案，避免了部分咨询问题的重复。缺点是与之前的方式相比，使用这三种方式时，用户的隐私性比较差。

2. 实时咨询

实时咨询是借助即时聊天工具进行的馆员与用户间的实时交流。当用户的一些问题不容易用文字来表达时，还可以借助这些软件工具的视频窗口进行面对面的交流。

即时聊天软件微信应用人群范围广，操作简单，及时性较强。这些优点都使咨询工作员能更明确用户的需求从而做出及时的回答。

实时参考咨询虽然能及时解决用户的问题，但是最大的问题是它并不是全天 24 小时的，而是限时开放的。一般来说，图书馆的同步参考咨询通常都是在馆员的工作时间范围内才开放的，往往一周不到 30 小时，使实时咨询服务在时间上不能满足部分用户的需求。

3. 合作数字参考咨询

虽然图书馆已经有了多种数字参考咨询服务的方式，但是网络本身的开放性使用户可能来自不同的地区不同的领域，对咨询服务在时间上和知识上的需求也就有所不同，在这种环境下，单个图书馆由于受人力、物力等因素的限制，并不能在时间上完全满足用户随时的咨询需求，在知识方面也难以解答用户提出的全部问题。在这种情况下，为促进开展更高质量的数字参考咨询服务，产生了网络化的合作数字参考咨询服务，有时也被称为联合参考咨询。

合作数字参考咨询服务是由多个图书馆根据协议构成，借助网络平台及各成员馆资源，可以不受地域与时间的限制给予用户更高质量的参考咨询服务。合作数字参考咨询服务的基础是图书馆联盟，在联盟中资源是共知共享的，因而需要重视合作咨询联盟内资源和服务问题。

合作数字参考咨询服务加强了馆与馆之间的合作，提升了图书馆数字参考咨询服务的综合能力，扩大了服务的范围。合作数字参考咨询服务平台是所有图书馆参考工作发展的必然趋势。合作数字参考咨询集合各成员馆之力，突破了地域和系统资源条件的限制，放大了咨询服务能力及服务水平，更具有发展前途和发展空间。

（四）图书馆数字参考咨询服务的创新应用

图书馆开展数字化参考咨询服务必须做好充足的准备，图书馆咨询人员、信息资源和计算机网络技术是图书馆开展数字参考咨询服务的必要条件，图书馆咨询员需要利用计算机网络技术为用户解决问题，馆藏资源是咨询的坚强后盾，能够保证咨询的可信度和准确度。数字化图书馆的重要研究方向之一，就是通过网络化的先进技术为信息用户提供最优质的咨询服务。

1. 扩大新资源和新工具

图书馆数字参考咨询服务的最终目标就是满足用户的信息需求，传统的用户信息需求表达和图书馆咨询员理解之间存在着一些差距，图书馆咨询员需要通过多种交流方式，进一步理解用户的多样化知识需求，明确咨询服务应达到的目标，才能有效地满足用户的需求。而在参考咨询服务过程中，图书馆咨询员的专业知识水平、整个知识库的强大性与参考咨询服务的质量的高低有着重要的关系。

我国参考咨询系统的知识库需要完整、专业化的标准和规范，知识库的建设要严格按照标准执行，要能够与其他系统兼容。图书馆数字资源库在建设时，应当坚持优势资源和特色资源同时兼顾的原则，馆藏资源不仅表现在质量，还表现在特色方面。

图书馆还要广泛收集网络信息资源，对于收集的特色信息要有序化整理，方便图书馆馆员的检索需要。数字资源类型多样，有些需要进一步读取，像光盘、磁带等。有些硕博士论文、专利、文献、期刊等电子资源，在计算机或是手机的帮助下，可以读取相关信息。用户可以根据自己的喜好选择适合的数字资源。图书馆数字参考信息资源的管理和组织工作需要得到图书馆的重视，图书馆要组织相应的工作人员对数字资源开展管理和组织。一个良好知识库的运行，需要图书馆馆员不断地采集和完善信息资源，使其有效地为数字参考咨询服务工作，从而提高参考咨询服务的质量。

2. 引进新技术和新方法

在数字化、网络化时代，图书馆数字参考咨询服务的有效开展很大程度上取决于网络技术的发展，网络设施和计算机能够处理文本、图像和声音，大大节省了图书馆馆员的检索时间。网络是数字参考咨询服务的载体，提高网速有利于数字参考咨询服务的发展。图书馆数字参考咨询系统的有效开展离不开新技术的支持，如数据加密技术、信息推送技术、安全身份认证技术、动态网页技术和静态网页技术等。

图书馆要有相应的软件和硬件作为载体，为数字参考咨询服务咨询平台提供便利。而新技术更注重网络技术的智能化和个性化，体现在系统如何能够更主动地向用户提供信息服务，网络技术的理念在整个数字参考咨询服务的过程中至关重要。新技术的使用促进了数字参考咨询系统的开发，只有强大功能的数字参考咨询系统才能为优质服务提供基础。尽管用于数字参考咨询服务的大多数软件具有较完善的功能，但每种技术方案都有其使用范围和使用限制，都存在相应的不足和功能上的欠缺之处，选购软件时要综合考虑很多因素。

在参考咨询服务过程中，对于用户的隐私和知识产权的保护问题，要给予足够的重视，用户可以通过数字参考咨询服务系统向图书馆馆员提出各种问题，图书馆咨询服务人员要本着为用户保密的原则。对于数字参考咨询的软件要有统一的标准，便于以后的合作咨询。

第四节　图书馆服务评价

一、图书馆服务评价概述

（一）图书馆服务评价的内涵

图书馆服务评价，即图书馆服务质量评价，是以图书馆服务为评价对象，以服务质量为评价内容，采用科学的评价标准和方法对图书馆服务工作及其服务效果进行优劣评判和价值估算的过程。图书馆服务评价是图书馆评价的核心内容。

图书馆服务质量评价包含两个层面：第一，服务过程评价，即对图书馆的服务内容、服务模式和服务技术等维度进行评价；第二，服务价值评价，即对图书馆服务给用户带来的影响和价值进行测评。由于服务价值本身的不确定性和评测指标的难以量化性，针对图书馆服务影响和价值评价的研究非常薄弱，绝大部分图书馆服务评价的研究对象是服务过程，甚至将“图书馆服务过程评价”视为“图书馆服务评价”的全部，而忽视了“服务价值评价”。传统的图书馆服务质量评价多立足于图书馆自身的馆藏资源、馆舍大小、经费投入、组织管理等办馆条件和业务工作。因为只有用户才能评价图书馆的服务质量，所以一切针对服务以外的其他方面的评价从根本上说都是无关紧要的。总之，以用户为中心的图书馆服务质量评价日益受到关注和重视，仅依据馆藏数量等传统内容来测度图书馆质量的评价模式已经过时。

（二）图书馆服务评价的目的

服务质量是图书馆赖以生存和发展的前提与基础。在及时了解读者需求的基础上，定期对图书馆服务质量做出全面、系统、客观的评价，是确立服务重点，合理配置和有效利用资源，进一步提升图书馆服务水平和服务质量，搞好图书馆服务工作的基础。评价不是目的，而是一种手段。“以评促改，以评促建”，才是图书馆服务评价的真正目的。通过对以往服务工作的评价，发现服务中存在的问题与不足，从而调整服务程序，改进服务质量，提升服务水平，高效地利用图书馆有限的资源最大限度地满足读者的信息需求，才是图书馆服务评价的根本目的。

（三）图书馆服务评价的意义

图书馆服务评价对图书馆服务发展、图书馆发展和图书馆事业发展的意义不言而喻。

1. 指导图书馆事业的发展

科学的评估指标体系，不仅对现有的服务工作起到评估和指导作用，而且对图书馆事业将来的发展也将起到指导作用。科学的评价指标体系使图书馆的评价方式从经费、资源的数量评价转移到以用户为中心的质量评价模式上来。科学、合理的评价指标体系可以指导各个图书馆做好自己的业务工作、服务工作和管理工作，从而促进整个地区图书馆事业的发展。

2. 指导图书馆的具体工作

通过不同时期、不同阶段的评价，图书馆可以发现当前实际工作中存在的问题与不足，找出当前工作中的主要矛盾，有针对性地改进图书馆的服务工作，合理调配各种资源，并为图书馆制定下一步的发展战略提供依据。不仅如此，图书馆还可以通过基准检查、与同行比较，缩小差距，提高用户满意度。

二、图书馆服务评价的标准

图书馆服务评价是指在一定的价值观指导下，用一定的技术和方法收集图书馆整个服务系统或某种服务形式、某种服务产品的信息，并依据所获得的这些信息，对服务过程和效果做出客观的衡量和价值判断的活动。

由于图书馆提供的大部分服务是无形的，涉及的因素是复杂的，服务的效果有些是直接的，有些是间接的，有些是明显的，有些是潜在的，因此评价图书馆服务的标准应该有多种，既有定性分析，又有定量分析。如果以满足读者需求为宗旨，则主要包括以下三个方面。

（一）读者满意度

读者的评价是检验图书馆服务水平的重要标准。其内容包括：

（1）环境。图书馆环境清洁、整齐、安静、舒适。

（2）人员。图书馆工作人员热情、认真、主动，有专业能力。

（3）设备。图书馆设施先进、齐全，能满足功能需要。

（4）文献。图书馆文献资源符合该馆的性质与目标，数量多，质量好，有特色。

读者的满意度可以分为很满意、满意、一般、不满意、很不满意五个等级，读者可以据此对图书馆的服务做出评价。

（二）吸引读者状况

这里的“读者”，既包括来到图书馆的读者，也包括吸引利用本馆网上资源的用户。可根据图书馆不同的性质和规模、历史和现实条件，分为优秀、合格、不合格三个等级，评定图书馆吸引读者的状况。

（三）文献利用率

1. 流通率

一般情况下，每种图书流通的次数越多，其使用价值就越大。这里所说的“书”，不仅指纸质文献，也包括电子文献，还包括网上资源。文献流通率，是在一定时间内读者实际使用的文献数除以馆藏文献总数的比率。应根据图书馆的不同性质和规模，以及历史和现实条件，确定优秀、合格、不合格等级。

2. 主动性

图书馆不仅被动地满足到馆读者借阅需要，还要主动地“为人找书，为书找人”，提高文献利用率。图书馆要做好宣传工作，做好参考咨询工作，答复读者提出的问题。应该根据每个服务项目的性质和难易程度给予不同的评估级别，例如，难度大为优秀，难度较大为良好，难度一般为合格。

3. 速度

图书馆不仅向读者提供文献，还要使读者尽可能快地得到所需要的文献，这就要求提高工作效率。应根据不同类型和规模以及服务项目的难易程度，确定一定期限的评估标准。

第三章　图书馆阅读推广的基本理论

第一节　图书馆阅读推广理论与实践

图书馆作为阅读的一个重要场所，其最主要的一项工作就是进行阅读推广。我国图书馆的阅读推广工作不管是在理论还是实践上，都已经取得了一定的成绩与效果，可是仍然还存在或多或少的问题与不足。所以，我们必须要对图书馆的阅读推广理论与实践进行仔细的分析与探讨，对存在的问题提出相应的解决措施，这样才能真正提高图书馆阅读推广理论与实践的水平。

一、图书馆阅读推广的作用及方法

图书馆阅读推广是指图书馆经过精心的策划，把读者的注意力从众多、海量的馆藏逐渐引导到最小范围内，并且最具有吸引力的馆藏上，最终使图书馆馆藏流通量及利用率得到有效提高的一种活动。

（一）图书馆阅读推广的作用

1. 确定要素

图书馆阅读推广的定义基本上可以分为聚焦和创意两种。聚焦是图书馆阅读推广的一项最基本的原理，如果把图书馆中所有的馆藏都推荐给读者，读者会很难找到重点，这样的效果等于零，所以一定要聚焦到对读者有吸引力的馆藏上面。而作为有吸引力的馆藏，有些是相对于馆藏本身而言，还有一些则是馆藏本身不具有吸引力，而是通过策划及创意使馆藏具有吸引力。

2. 划定对象

图书馆阅读推广的对象一定得是图书馆自己的馆藏，对那些不是自己的馆藏，一般是不能够进行推荐的。馆藏基本包括现有馆藏、未来馆藏、延伸馆藏、门径馆藏四个类别。

3. 理解成功

实际上每一项阅读推广都算是成功的，只是成功有的大，有的小。所以，我们也可以理解为：只要是对提高图书馆馆藏利用率和流通率有利的阅读推广，都算是成功的阅读推广。

（二）图书馆阅读推广的方法

1. 拉法阅读推广

这算是一种最容易、最普及，也是最基本的一种阅读推广，其策划的色彩也是最淡的，只需要图书馆馆员把公认的好书推荐给读者就可以。例如，把历史较为悠久的“镇馆之宝”放在图书馆的玻璃柜中进行展出，就算是一种拉法阅读推广。

2. 推法阅读推广

推法阅读推广只对那些新文献、睡眠文献、陌生的文献较为合适。与拉法阅读推广相比较而言，推法阅读推广的难度要更高，策划的色彩也更浓，这主要是由于这类文献的吸引力需要图书馆馆员自己去发现和创造，而文献本身并不具备。

3. 撞法阅读推广

撞法阅读推广是指通过物理的形式或气质特征来最终选出一批混合型主题的馆藏图书进行推广，这种阅读推广适用于需求较为模糊的文献。撞法阅读推广可以通过借图、借声、借影、借演这四种方式来进行。

二、图书馆阅读推广实践的改善措施

（一）对图书馆阅读推广的理论进行更加深入的研究

在对图书馆阅读推广理论进行研究的过程中，对开展阅读推广的主要依据及当中所反映出来的教育学原理，都需要进行深入而又仔细的分析，对图书馆应要肩负的阅读推广责任更要进行深入研究，使读者可以自愿并积极融入图书阅读的队伍当中，还能够为图书馆馆员提供正确的阅读推广方向，以此来增强图书馆阅读推广活动的信心。

（二）不断扩大图书馆资金投入的来源范围

图书馆要想更好地进行阅读推广活动，就需要加大对图书馆阅读推广活动资金投入的力度，图书馆也要寻找更多资金来源，以更好地完成阅读推广活动。例如，可以通过平时进行一些展览活动，以此来获得与出版商等的合作机会，还能够起到对图书馆自身进行宣传的作用。

（三）调查阅读人群并提高图书馆馆员的整体素质水平

首先，图书馆的阅读推广活动不能只是趋于形式化，不要只考虑人力、物力、财力的支出情况，更多的还是应该进行资源的合理配置，通过对阅读人群进行详细的调查，可以在进行较少的成本投入的同时，取得最大的经济和社会效益，使图书馆阅读推广活动能够满足更多读者的不同要求。其次，图书馆要在平时通过各种专业培训，以及制定相应的奖惩制度来提高图书馆馆员的整体素质水平，这样才能使图书馆馆员更加专业、更加热情地为读者进行面对面服务，积极投入到图书馆的阅读推广活动当中。

第二节　图书馆阅读推广的文化内涵

阅读是人类社会存在的普遍现象，人们通过阅读学习知识，传承文化，图书馆则是人类阅读的一个好场所。图书馆通过阅读推广可以引导人们养成阅读的好习惯，提升人们的文化修养，进而推动我国整体文化的发展。图书馆通过阅读推广活动还能够吸引更多读者进入图书馆进行阅读，从而提升了图书馆的影响力，因此，图书馆进行阅读推广蕴含着非常丰富且影响力巨大的文化内涵。

一、图书馆阅读推广有助于社会文化的提升

近年来，我国大部分图书馆都进行了很多阅读推广的活动，图书馆凭借自身丰富的阅读资源等特性，具有开展推广阅读的责任。随着时代的发展，国家对社会公众的阅读情况越来越重视，人们的学习需求也随着社会的发展而逐渐提高，这些都有助于图书馆阅读推广活动。图书馆在进行阅读推广时，积极开展阅读活动，提高了整个民族的文化素质，进而提升了国家文化竞争力。

二、图书馆阅读推广有助于增强图书馆的文化责任

图书馆构成了公共文化体制的重要环节，顺应了经济和时代的发展，有助于完善社会文化。在当今构建和谐社会的大背景下，图书馆在进行

阅读推广时要重视其应当承担的社会文化责任，同时要明确自身在阅读推广活动中的定位，这也是增强图书馆文化责任的前提条件，有助于促进图书馆的健康可持续发展。

三、图书馆阅读推广有助于提升社会的人文精神

社会人文精神有助于推动社会的发展和进步，同时可以促进图书馆的长期发展。从图书馆的发展历程可知，社会人文精神在很大程度上决定了图书馆的影响力度和辐射范围，反过来，图书馆社会文化责任的履行对社会人文精神也具有很大的影响，因此，图书馆阅读推广与整个社会的人文精神是互相影响的。图书馆要不断完善文化推广活动，同时要在活动中积极宣扬人文精神、人文情怀，进而提升社会的人文精神。

四、图书馆阅读推广有助于创新发展

每个时代都有自身的阅读机构，这与各个时代的阅读创新有着密不可分的关系，图书馆具备一定的文化性质，同时具备某种创新性质。现今的社会是信息化时代，国家间综合国力竞争也越来越体现为创新发展的竞争。图书馆开展阅读推广活动，着重考虑公益性和人文精神，同时要不断实现全民阅读，这样有助于拓展公民的视野、开阔思维，进而提升我国公民的创新意识。

第三节　图书馆阅读推广规范

阅读是人类认知的重要途径，通过阅读，能有效获取各类知识，增强文化素养，促进自身的全面发展。全民阅读能有效提高中华民族的整体

文化素质，并为中华民族的伟大复兴提供文化助力。因此，有必要加强图书馆阅读推广，推动全民阅读的常态化。图书馆在阅读推广活动中具有诸多优势，其公益性特征要求其积极承担阅读推广的责任。图书馆要充分利用自身的阅读资源，通过有效的阅读推广，满足全民阅读的需求。

一、图书馆阅读推广规范必要性

（一）有利于实现图书馆使命

图书馆是保障文献信息资源合理分配的制度安排，以保障公民文化权利（包含阅读权利）为基本职能，以为公众提供平等的公共文化服务和终身教育为使命。对图书馆阅读推广进行规范，有助于图书馆阅读推广活动的组织、开展和实施，有助于提升图书馆服务水平，实现图书馆保障公众平等获取文献信息权利和终身教育的目标。

（二）有利于发挥图书馆优势

图书馆作为保存、组织、传播文献信息的专门机构，具有成熟的文献信息服务理念、完备的文献信息保存和组织方法、便利的空间场所和设备设施、专业的人才队伍。尤其是专业的文献信息采集、整理、组织、挖掘工具和方法，能够准确把握文献信息的基本规律，深入、系统、科学地对文献信息中隐含的知识进行组织和挖掘，间接地影响读者的阅读选择、阅读兴趣、阅读行为和阅读能力。图书馆作为阅读推广前锋，其优势是其他组织无法取代的，这也是图书馆的核心竞争力所在。对图书馆阅读推广进行规范，有利于明确图书馆在各类阅读推广机构中的主体地位，发挥图书馆在文献信息方面的专业性、权威性优势。

二、我国图书馆阅读推广规范存在的问题

（一）缺乏制度保障

图书馆阅读推广缺乏制度保障。在机构设置上，阅读推广工作往往被分设在读者服务、参考咨询等部门工作内容中，很少进行单独行政设置。导致活动费用往往只能采取挤占其他项目经费和收取成本费等方法解决。另外，图书馆阅读推广缺少长效运行机制。从严格意义上讲，某次无策划、即兴的图书馆读者活动，不能划为阅读推广活动。图书馆阅读推广活动应具有明确的目标与定位、完善的发展架构与思路、长期的品牌效应与反响。由于缺乏整体规划和政策引导，图书馆阅读推广活动常常自发产生、草率组织、随意发展，“应时应景应付”的节日活动和短期活动较多，功利性色彩浓重。

（二）缺乏专业指导

尽管中国图书馆学会已成立阅读推广委员会，而且各省图书馆也相继成立了专业的阅读推广委员会，但是一些偏远地区的图书馆还是难以获得阅读推广的专业指导。另外，读者阅读有一定的盲目性、局限性及功利性。很多读者对阅读有一定的渴望，但是由于其阅读水平的局限，到图书馆不知道找什么书籍，有的读者看别人借什么自己就看什么，找不到适合自己的书籍。

（三）缺乏完善的阅读推广效果评价机制

每次阅读推广活动后，没有对活动的效果进行调查研究及效果评估，无法准确地总结活动的成功经验及存在的问题，也无法深层次分析读者的需求，所以需要建立相关的阅读调查机制。

三、图书馆阅读推广技术性规范

（一）应用新媒体技术

随着信息技术的应用与读者数字资源需求的不断增长，图书馆阅读推广活动不能仅采用传统的活动宣传手段和服务推广方式，应加大与阅读推广相关的新技术、新载体、新设备的开发与应用力度。图书馆在阅读推广的过程中，应注重运用新媒体技术手段，扩大受众范围，丰富载体形式，增强实施效果，深化内容深度。图书馆阅读推广的重点是通过深入阅读推广客体的内容，把握文献中知识的运动规律，挖掘其中的信息点和知识点，实现由传统服务向智能服务、资源推荐向知识推荐转变，最大限度地发挥文献信息资源的价值。

（二）完善阅读推广效果评价机制

阅读推广活动需要坚持理论指导，并通过实践活动来逐步完善。每次阅读活动以后，问卷调查设计、研究与分析、效果评估是阅读推广活动不可或缺的环节。只有通过每次阅读活动的调查与分析，才能总结经验，才能了解读者潜在的需求，进而为下一次的阅读推广活动做指导。

（三）形成图书馆阅读推广操作规范

阅读推广工作的流程化与规范化是图书馆阅读推广实施性规范的重要内容之一，应对阅读推广进行项目管理或过程管理。图书馆开展阅读推广活动要有严谨完善的活动策划、充分的前期准备、及时的宣传报道、有效的实施流程以及长期的活动支持。只有阅读推广业务内容明晰，业务流程规范，业务操作有章可循、有规可依，才能保障图书馆阅读推广活动的质量与效果。此外，图书馆馆员应负起指导阅读的责任，对读者的阅读进行专业引导。

在当前全民阅读的环境下，图书馆阅读推广规范的全面建立势在必行。图书馆阅读推广规范一定要掌握好“度”的问题，既不能变成“一刀切”的强制规定，又不能违背图书馆的知识中立立场，与图书馆核心价值相违背。应充分运用文献信息学的理论、方法、技术，加强对阅读推广实践的指导，通过规范更好地推动图书馆阅读推广健康、良性、长远地发展。

第四节 公共图书馆与阅读推广

公共图书馆是推进全民阅读活动的中坚力量，致力于营造全民阅读的良好社会氛围。加强公共图书馆特别是基层图书馆的建设，打造高素质的阅读推广人才队伍，开展阅读创新活动，传承阅读经典，创造阅读品牌是开展阅读推广的有效手段。

公共图书馆作为保存人类文化遗产、开展社会教育、传递科学情报、开发智力资源、提供文化娱乐的平台，在精神文明建设中，在丰富和活跃人民群众的文化生活中有着不可推卸的责任和不可或缺的作用。公共图书馆主要通过阅读推广的方式引领全民阅读，满足人民的阅读需求，提升人民的文化生活水平。

社会的发展、人类的进步离不开知识，而知识的累积离不开大量的阅读。因此，就要在全民中倡导多阅读、终身阅读的良好风气，让大家都参与到阅读中来。鉴于此，就不能不重视公共图书馆在提倡全民阅读中的重要作用，必须明白公共图书馆应该致力于阅读推广活动。

一、公共图书馆在推动全民阅读中的重要作用

公共图书馆是一个专门收集、整理、保存、传播文献并提供利用的科学、文化、教育和科研机构。它保存了人类文化遗产，是今天人类宝贵文化遗产和精神财富的集中地，公共图书馆作为提高全民文化素质的公益性文化机构，它提供的服务满足了社会大众对文化娱乐的需要，大大丰富和活跃了人民群众的文化生活，在精神文明建设中起到了不可忽视的作用。

在这个以知识为基础的社会里，公共图书馆的公益性、平等性和开放性是其他任何信息机构都无法比拟的，因而决定了公共图书馆在阅读社会创建中的重要地位。公共图书馆在全民阅读中的重要作用同时提示着它的重要责任。公共图书馆作为精神文明建设的重要阵地，它在向公众推广图书馆作用、培养公众的阅读兴趣、向全民推介阅读、壮大整个社会的阅读群体方面具有不可推卸的责任。

二、对公共图书馆开展阅读推广活动的建议

（一）积极整合阅读推广的各方力量，形成崇尚全民阅读的氛围

文化是一个国家的软实力，一个国家自身的文化会对民族的生存状态和发展产生极为深刻的影响。我们要让好书来激发民众的阅读热情，从而培养国民的阅读习惯。公共图书馆作为公益文化机构，应积极主动跟社会各界联手，推动公益阅读，发挥主力作用。同时，呼吁各类文化基金会支持图书馆的阅读推广活动，图书馆以申请项目的方式争取基金会的赞助，以盘活各类资源。

（二）开展公共图书馆的资源共享，加强基层图书馆的建设

相对省、市级图书馆来说，社区、乡村图书馆数量比较少，规模比较小，资源短缺，经费不足。在这种情况下，公共图书馆在阅读中的利用价值就大打折扣，也很难满足群众的阅读需求。所以，我们的各级政府要加大对省、市还有社区、乡村的图书馆建设力度，以引进、整合数字资源为重点，以读者服务为中心，积极推进数字图书馆的建设和服务；建立以省图书馆为龙头，覆盖全省的流动图书馆；带动经济欠发达地区共享工程的建设；筹建面向全省公共、高校、科研三大系统图书馆的资源共享平台，实现共享工程的协调发展。通过构建图书馆公共服务体系，大力推进文化共享工程建设，取得图书馆事业和共享工程同步发展的重大社会效益。

（三）建立专门负责阅读推广的常设机构，促进人才队伍建设

建立负责阅读推广的常设机构，将阅读推广活动作为图书馆的基本业务来看待，有利于经验的积累、效率的提高、学识的增长、活动的衔接和连续，有利于培养图书馆自己的阅读学专家和阅读推广活动策划专家，对阅读推广活动的可持续发展是一个重要保障。要使推广活动常办常新，还必须大力培养阅读推广人才，培养他们的策划和营销能力。阅读推广，既要知书，又要知人，这样才能根据读者的需要，推荐或者提供他们想要的服务，推荐他们想要的书，才能间接地激发他们的阅读热情。

（四）开展阅读创新活动，传承阅读经典，创造阅读品牌

在大众阅读时代，人们的阅读范围更加广泛，而阅读对大多数人来说，也是电子时代的快餐阅读。因此，公共图书馆要提倡传统的阅读经典活动，引导群众进行深层次有营养的阅读。我们要有创新思维，不能墨守成规。可以丰富网络阅读资源，加强数字图书馆的管理和建设，建设丰富的数

字资源，包括网上数据库、读者数据库，等等，及时更新网络数据库的信息和资源，满足读者的需要。同时，可以结合群众的文化需求，开展对应的活动，如开展好书推荐活动，让好书不再寂寞。或者是根据某一特定的人群开展一些专题讲座和书展等阅读活动，如老年人保健、烹饪文化专题讲座、针对小朋友的“妈妈讲故事”等专题活动，从而激发不同群体的阅读爱好兴趣。通过活动的举办，去引导读者阅读相关方面的书籍，从而影响他们的阅读习惯。

公共图书馆开展阅读推广活动是推动“全民阅读”的有效手段。总之，我们要明白公共图书馆在阅读推广活动中的重要意义，因势利导，不断创新，根据不同阶段读书活动的针对性，将“阅读推广活动”融入日常工作中，健全工作机制，发挥导读导行的作用，为营造全民阅读的好氛围出力。

第五节　图书馆阅读推广活动研究

一、图书馆阅读推广活动的意义

图书馆阅读推广活动对提高全民文化素养有着极其重要的影响，对维护社会和谐发展也有不可磨灭的促进作用，因此图书馆开展阅读推广活动具有重要意义。

（一）提升全民文化素养

要想提高国家的综合实力，则必然得提升文化实力。大部分公民对看书、读书没有明确的认知，并且没有阅读书籍的习惯和兴趣，这不利于提升全民文化素质。因此，图书馆通过开展阅读推广活动，让人们体会和认识到阅读的好处和乐趣，吸引人们积极主动地阅读，通过阅读来提升自己的文化修养。

（二）发挥图书馆社会职能

国际图联将图书馆的职能定为“保存人类文化遗产、开展社会教育、传递科学情报、开展智力资源”四大社会职能。随着网络技术的迅猛发展，人们可以实现足不出户来获取所需的信息，图书馆社会职能的实现遭遇了前所未有的挑战。要想拓展自身生存空间，图书馆必须得开拓出新路子，通过开展各种阅读推广活动为读者提供丰富的资料、创造舒适优雅的阅读环境，从而让更多的人主动亲近图书馆，走进图书馆，壮大社会阅读群，以达到充分发挥图书馆社会职能的目的。

二、图书馆阅读推广活动存在的问题

随着图书馆阅读推广活动的开展，虽然也获取了一定的成效，但是其结果与预想之间还存在一定的差距，需要加以重视。

（一）阅读推广活动缺乏评价机制

很多图书馆开展阅读推广活动前期没有制定明确的目标，活动结束后对活动的成效没有做出具体的评估。图书馆在举行阅读推广活动时，缺乏与媒体的合作，从而导致宣传报道非常有限。对活动的展开缺乏切实有效的评价机制，对读者的满意度没有进行充分的调查和分析，对读者的阅读心理与阅读行为没有深入研究，对活动的成败与原因没有经过认真分析。阅读推广活动评价机制的缺乏导致活动结束后的点评及总结，不能对此后的阅读推广活动的开展产生指导意义。

（二）阅读推广活动周期过长、连贯性不足

周期过长、连贯性不足是图书馆开展阅读推广活动存在的明显问题，

现在高效阅读推广活动大多是集中在一个时间段内，大多是围绕着“世界读书日”，以阅读节的形式举行阅读推广活动，通常于每年的四五月，持续的时间较长，阶段性也过于明显，严重缺乏连贯性，这样的形式不利于阅读推广活动的有效开展。

三、促进图书馆阅读推广活动开展的建议

图书馆开展阅读推广活动显而易见是为了吸引更多的人积极主动去阅读，但当前图书馆在开展阅读推广活动上确实存在一些明显的不足，笔者针对存在的问题，提出了以下相关策略。

（一）创建特色品牌栏目

为了图书馆未来长效的发展，特色品牌栏目的创建是必不可少的，图书馆通过品牌效应的打造，形成具有本馆特色的个性化服务，提高图书馆的知名度、扩大影响，从而使图书馆更好地适应社会环境变化，提高生存能力。

（二）建立完善的长效机制

图书馆必须建立完善的阅读推广机制，联合相关单位成立阅读推广委员会，有组织、有计划地开展阅读活动。

（三）丰富阅读推广活动的形式

图书馆的阅读推广形式过于单一，在图书馆举办的阅读推广活动中，应既有展览、讲座、培训、视频展播等常见活动形式，也有征文、原创作文、书籍推介等拥有极强互动性和参与性的活动。

第六节　图书馆阅读推广的发展趋势

在推广阅读时，图书馆是较为关键的一部分，承担着为社会大众提供阅读场所的主要任务。因此，需要图书馆紧跟阅读推广的发展趋势，从而有效提高我国国民的综合素质。

一、图书馆阅读推广发展的趋势分析

（一）阅读的载体更加多样

目前，在图书馆中各类资源的载体形式更加多样化，除了较为传统的报纸或杂志等，还有大量的应用软件，都是如今的阅读载体，现代人们不需要外出进入图书馆中就能够得到各类资源，在手机、电脑中通过互联网就能够开始阅读。因此，在阅读推广的持续发展过程中，多样化的阅读载体更容易被社会大众所认可，而且已经逐渐变成现代人们在阅读时的主要途径。

（二）阅读的方法更加便捷

以往较为传统的阅读模式会受到地点、时间等多种因素的限制，但随着图书馆在阅读推广方面的持续发展，广大读者通过手机、电脑就可以阅读。而且如今手机已经变成现代人们的必需品，这就可以使广大读者不再因为地点或时间等因素限制阅读，还可以随意挑选自己喜欢的类型与内容开始阅读，有不懂的问题或疑问，可以通过网络获得较准确的答案，这样就能够有效地加深读者的印象与理解，比传统的阅读方法更有优势。

（三）阅读的内容更加浅显

以往较为传统的阅读形式为报纸等，在阅读时通常都会按照资源的顺序展开阅读，这样在阅读的过程中需要消耗大量时间，但在这个时间内读者可以对内容展开思考，从而加深对于资源的了解。但在如今互联网十分普遍的情况下，广大读者可以在网络中寻找任何资源，在这种情况下，就会导致阅读变成了浏览，在浏览过程中也开始更加跳跃。除此之外，有了搜索这项功能的引导，读者可以通过搜索来转换资源链接，就会导致阅读的实际内容更加浅显，通过这种浅层次的阅读，广大读者也无法对其中的内容展开思考，更无法使读者深入了解阅读内容的实际意义。

（四）阅读的过程更加娱乐化

在图书馆发展阅读推广的过程中，一定要与如今时代的发展趋势相符合，就需要阅读的过程更加娱乐化，使读者在阅读的过程中感到愉悦。而在手机或电脑中的阅读形式，既拥有文字以供阅读，还具备图片、视频等内容，这样就可以为广大读者提供全新的阅读体验，也使阅读不像以往一样枯燥、死板。如今阅读的形式与内容已经朝生动、形象、直观的方向发展，这不仅有利于提升社会大众对阅读的兴趣，还能够为广大读者提供更舒适的视觉体验。

二、图书馆阅读推广发展的有效对策

（一）细化阅读推广人群的分类

随着全民阅读理念的不断推广，参与全民阅读的人群数量也在不断增加，但随着人群的不断扩大，人们对阅读的需求数量也在不断增加。这就需要通过细化阅读推广人群的分类，来实现对阅读推广工作的推动。

图书馆作为发起阅读推广活动的主要部分，为了细化阅读推广人群，就需要及时调整与转变阅读推广的方式及策略，并在调整方向的同时全面调查阅读人群对书籍的需求、喜好与阅读人群的年龄、阅读方式等。同时，需要根据不同类型的人群制定出相应的推广方式。例如，针对幼儿读者的推广方式需要以积极互动、体验服务等来实现；而针对青少年或中年读者的推广方式，则需要通过现代化信息技术手段来实现；在针对老年读者的推广方式中，应更加注重有声读物的推广方式。在实现细化阅读推广人群分类的同时，从根本上促进全民阅读活动的发展，为提升现代人们的知识水平提供良好的基础保障。

（二）充分满足读者的阅读要求

随着时代的发展，选择现代化阅读方式的人群数量在不断增加，在开展全民阅读活动推广的过程中，就可以将现代化阅读方式作为纸质阅读方面不足的补充因素。在图书馆阅读推广活动进行的过程中，可以根据图书馆官方微博、微信公众号、微信小程序、抖音等自媒体软件，通过针对性的方式对全民阅读活动进行推广。同时，需要全面提高对数字化阅读资源的整合与运用，图书馆需要根据数字化阅读资源构建出相应的资源库，并全面优化数字化阅读资源的索引功能，使现代人们通过搜索的方式选择自己更加喜爱的刊物、书籍等。此外，针对图书馆外的读者，图书馆可以根据官网注册的方式向其提供阅读帮助，尽可能满足其各类阅读要求。

（三）科学创新阅读推广的方式

随着近年来全民阅读活动的开展与推进，各个地区也逐渐形成具备各自特色的推广方式，但因多样化的推广方式可以有效吸引阅读人群，在图书馆进行阅读推广的过程中，就可以通过科学的方式创新阅读推广方式，从根本上扩大全民阅读活动的推广范围。例如，定期举办阅读大赛，全面征召阅读大赛的参赛人员，赛事主题可以设置为活动类、读者组织类、出版刊物类、新媒体推广类等，通过阅读大赛来实现扩大阅读人群的目的。

（四）培养优秀的阅读推广团队

为了更好地实现图书馆阅读推广，就需要培养优秀的阅读推广团队，不断吸纳优秀推广人才，从根本上实现对阅读活动的推广。在对图书馆阅读推广团队进行培养的过程中，需要结合图书馆所在地区的实际情况，并充分借鉴其他图书馆的人员培训管理方式，针对推广人员制定出完善的管理制度，并从制度上设计出相应的推广人员培训体系。在参考其他图书馆人员培训管理方式时，需要在其传统的培训管理方式中进行创新，充分融合现代化的技术管理手段，同时需要针对推广人员的服务意识进行培训，确保其通过培训后能够完成图书馆阅读活动的推广任务，从而为图书馆阅读推广工作的顺利开展与进行提供良好的基础保障。

（五）构建完善的阅读服务平台

在对图书馆全民阅读活动进行推广的过程中，需要充分确保阅读服务平台的完善性与质量，从根本上提高读者在阅读过程中的体验。在构建完善的阅读服务平台时，需要全面丰富馆内的文献资源，加强对馆内文献资源的建设，从而确保馆内资料的全面性。同时需要科学合理地控制资源采购支出，保证图书馆资源采购资金的充分利用。此外，在构建阅读服务平台的过程中，需要加强对馆内设备及设施的建设，提高对先进设备引进的重视程度，如电子阅报机、电子借阅机等；同时需要加强对图书馆网络平台的建设，从根本上确保实现自动化阅读服务的理念，从而为图书馆全民阅读活动推广工作的顺利开展与进行提供良好的基础保障。

（六）加强全民阅读的推广力度

随着现代社会的不断发展与进步，新媒体已经逐渐成为现代媒体领域的主要发展趋势，而在这种趋势的影响下，图书馆就需要合理运用新媒体，从而实现对全民阅读活动的推广。在推广的过程中，图书馆可以构建出书目推荐专栏，将书籍的图片、内容、提要等方面发布在相应平台中；同时将移动图书馆作为全民阅读推广的主要方式，加强对书籍信息资源采集与整合的重视，同时通过移动图书馆为读者提供书籍信息查询、阅读资源获取等服务，确保读者可以通过手机搜索的方式，实现对书籍随时随地的阅读、下载等。

（七）合理开拓多元化阅读形式

为了实现图书馆阅读活动的推广，就需要以读者的个性、喜好等需求为主要开展点，通过多元化的阅读推广方式，为读者提供多样化的服务，从根本上激发读者参与阅读活动的兴趣。在开拓多元化阅读方式时，可以将活动内容融合进现代化应用平台中，将书籍资源通过整合的方式构建出资源库，而后针对阅读用户构建出相应的交流沟通平台，使读者可以通过平台向图书馆提出自身的需求与建议。此外，还可以将经典影视作品融合进推广服务中，充分发挥出经典影视作品的作用，如奥斯卡提名或获奖作品等，这样不仅可以有效提高推广活动的有效性，还可以充分丰富读者的阅读生活。

综上所述，在我国开展文化建设的过程中，图书馆是十分重要的一部分，为了能够更加适应如今时代的阅读模式与发展趋势，图书馆在开展阅读推广时，也需要与社会的实际要求相结合，从而深入探索更加科学、合理的推广对策，为社会大众提供有所针对的服务，并以此来加强传统阅读对社会的影响力，激发社会大众对于阅读的热情与积极性，使更多民众能够来图书馆中，这样不仅能够对阅读推广起到很大程度的促进作用，还能够在真正意义上满足社会大众对精神方面的实际需求。

第四章 图书馆阅读推广模式研究

第一节 基于公共文化服务均等化的图书馆全民阅读推广

全民阅读推广是新时期图书馆工作的重要内容，在社会公共文化服务均等化体系构建中发挥着重要作用。“知识改变人生，阅读塑造社会”，图书馆全民阅读推广是促进社会公共文化服务均等化的“助推器”。

一、全民阅读推广认知

（一）全民阅读的内涵及特征

“全民阅读”作为一个术语，随着社会经济以及网络科技的发展而出现在我们生活的方方面面，不管是在新闻、公共文化，还是在图书馆行业等均可以看到。在我国，“全民阅读”属于新一轮阅读革命，从阅读活动的组织以及阅读规模、人数等方面均有新的突破，阅读方式以及阅读载体等也在逐步改变。

从现代社会发展角度分析国民阅读能力可以发现，全民阅读的效率性直接影响社会文化的发展与传承。文化的创新与发展受阅读影响，全民阅读能力的提升可以有效提升我国居民文化水平。通过对全民阅读进行研究分析发现，其主要特征如下。

第一，以政府为核心，有效促进各方参与全民阅读中。全民阅读的推广范围涉及各个年龄段、职业、地域等，大范围意味着大困难，全民阅读推广工作任重而道远。因此，在推广全民阅读的过程中，要增强主动性与积极性，通过各方共同努力，促进全民阅读活动的有效开展。全民阅读涉及各行各业，如大众传媒、图书馆、教师、阅读推广公益组织等都是全民阅读的共同参与方。

第二，促进阅读，打造良好的社会阅读氛围。阅读能力的提升是个人成长的一部分，而随着全民阅读能力的提升，社会文化生活会更加和谐，国家综合软实力也会逐渐提升。当然，众多因素共同作用影响居民的阅读生活，如阅读活动宣传、其他娱乐活动占用时间等。随着社会的发展，吸引居民注意力的因素越来越多，“不阅读”现象也就越来越普遍。促进全民阅读不是强制性行为，不会对个人的其他行为进行限制，更多的是通过为个人提供相应的阅读环境，保障阅读活动可以更好地进行，逐步让全体公民喜欢阅读，养成阅读习惯，形成良好的全民阅读文化。

第三，全民阅读属于全民行为，全民阅读中的重点对象为未成年等特殊群体。阅读不仅可以增强自身知识体系，而且可以提升自我修养，改变自我。促进全民阅读的意义在于让每位公民享有阅读的权利，不断学习进步。不同国家的全民阅读存在一个共性，那就是重视未成年以及特殊群体阅读活动。儿童以及青少年是国家发展的未来，儿童与青少年阅读是全面阅读普及的重点。不同群体的阅读需求不同，尤其是残障人士等特殊群体在开展全民阅读服务活动的过程中，需要考虑不同群体的特性。

第四，全民阅读需要兼容并包，逐步为阅读人员提供更加优质的阅读内容，增强其阅读兴趣。全民阅读的积极推进不仅需要我国原创作品质量与数量的提升，还需要外来作品的加入，综合世界优秀作品，促进全民阅读的积极开展。当然，兼容并包并不是没有目的地进行阅读，也不是“填鸭式”地灌输，而是需要取其精华、去其糟粕，吸收更多优质知识体系，摒弃低俗内容，在促进读者自觉进行阅读行为的同时让其健康成长。此外，全民阅读的推进还需要对阅读公益活动进行鼓励，从不同途径贯彻全民阅读思想。

随着科学技术以及网络的飞速发展，阅读形式也发生了翻天覆地的变化，传统的阅读形式已经不能满足目前的阅读需求，数字阅读已经逐步占据我们的阅读生活。数字阅读最大的优势是检索方便，随时随地可以进行阅读，呈现的形式也是丰富多样的，受到很多读者的喜欢。当然，数字阅读也存在一定缺点，如浅显化知识体系较多等。由此可见，开展全民阅读活动过程中，需要对数字阅读进行把控，理性地去使用数字阅读，引导青少年养成阅读习惯，促进全民阅读的开展。

（二）图书馆推广全民阅读的意义体现

不管是对个人来说，还是对一个城市来说，阅读都具有十分重要的意义。它能有效提升人们的知识水平，改变人们的思维模式，有利于一个城市的品位提升和国民综合素质的提高。国家的强大、昌盛和繁荣离不开阅读的作用，从国家的长远发展来说，全民阅读社会是十分重要的举措和战略。

1. 具有倡导全民阅读的时代意义

阅读对一个人成长的影响是巨大的，一本好书往往能改变一个人的一生。人的精神发育史相当于他自身的阅读发展史。全民族的阅读水平往往决定了一个民族的精神境界。

首先，人类文明的进步和发展少不了全民阅读。人的终身需求和精神层面的需求必须通过阅读书籍和积累知识来实现。对全民阅读活动进行长期推动和坚持，利好众多，比如，有利于每个公民的发展和成长，有利于良好的学习氛围、浓郁的读书风尚在全社会形成，有利于推动社会主义核心价值观的形成和国民素质的提高。社会文明的发展和进步、学习型社会的建设和完善少不了全民阅读水平的提高。对民族振兴来说，全民阅读是根基，读书对民族素质的提高、个人思想境界的提升影响巨大，与一个国家的繁荣昌盛有密切关系。

其次，经济社会进步和发展的必然要求是全民阅读的推进。建设精神文明和物质文明必然少不了传承文明、积累文化和发展文化等重要内容。随着经济的迅速发展，人们的经济收入和物质生活水平大大提升，在文化方面的需求也随之增加，这也提升了人们的阅读需求，使得文化活动更加活跃和频繁。

一言以蔽之，读书能塑造人的性格。从某种意义上讲，每个社会个体的读书史相当于他的精神发育史。同样地，一个民族群体的读书水平决定了该民族的精神境界。对各民族的发展来说，全民阅读至关重要，尤其对该民族的经济发展、文明传承、个体全面发展和和谐社会的建立发挥着重要作用。

2. 图书馆对全民阅读的促进意义

图书馆对全民阅读具有一定推广作用，这种推广不仅体现在阅读本身，还体现在推广图书馆发展上，不断扩大图书馆在全社会的影响力和积极作用，推动图书馆事业的发展和全民阅读率的提高。

第一，图书馆促进全民阅读有利于改变和创新图书馆的服务模式，让图书馆从以往的被动化提供服务转变为主动向读者提供服务。

第二，图书馆促进全民阅读有利于促进学习型社会的建设和全民阅读率的提升。

第三，图书馆促进全民阅读有利于为阅读者的阅读权利进行维护和保障，特别是保障社会中弱势群体的阅读权利。使读者的阅读能力和信息素养得以提高是图书馆促进全民阅读的最终目的。在此目的的指引下，图书馆在地区的和谐发展中发挥积极作用，并且在社会中承担更多责任。

全民阅读推广活动的开展并不是简单地为了推广阅读而推广、为了开展阅读活动而开展，更重要的是搭建起便于阅读者交流的桥梁。所以，图书馆要深入研究和探索阅读推广服务的相关理论，并制定阅读推广模式。

二、公共文化服务均等化视角下的图书馆全民阅读推广策略

公共文化服务均等化是基于一种特定的社会共识，通过政府发挥主导作用来适应当前社会、经济的发展，其目的是促进社会公平，也就是让群众可以平等地享受到文化服务。平等的机会、效用、自主性是公共文化服务在均等化方面的现实体现，基础性、平等性、便捷性、公益性是公共文化服务的内在本质。

图书馆应进一步发挥专业层面的优势，从公共文化服务均等化的角度来看，应构建差异化、有效的全国性阅读促进机制，进而强化社会大众的阅读理念，通过创新管理机制、总馆分馆制度、完善服务机制、推广智能技术的多维合作，实现多元化阅读模式，让阅读成为一种新的社会文化追求。

（一）激励导向，智慧服务——重视“阅读推广人”培育

阅读推广人是阅读与公众连接的纽带与桥梁，既指独立的个体，也包括阅读组织机构。“传播阅读理念、开展阅读指导、提升市民阅读兴趣

和阅读能力”是阅读推广人开展阅读活动的宗旨。阅读推广人作为阅读推广活动的策划者、组织者与实施者，是阅读推广活动的核心构成，其素养和能力直接影响阅读成效。推进阅读推广人培育有助于规范有效地开展阅读推广活动，提升阅读推广专业化质量，加快全民阅读发展步伐。图书馆要始终贯穿“以人为本，用户至上”的服务理念，制定并完善既具有理论指导性，又富有实践操作性的阅读推广人培育课程；针对阅读活动对象，借助专题研讨、论坛、年会等不同形式，建立阅读推广人分级分类培育机制，通过多渠道、多层次、多内容的培训及考核，增强阅读推广人的服务意识与阅读素养，提高其活动策划能力和现场掌控能力。此外，应强化阅读推广人的职业认同感，激励导向，智慧服务，在不断创新中谋取发展，既服务社会，更以自己的服务影响社会。为有效促进阅读推广人培育工作的科学规范进程，国家图书馆学会邀请了图书馆界、教育界、出版界等社会知名专家学者，成立了“阅读推广人”培育指导委员会，出版了“阅读推广人”培育系列教材。迄今为止，已成功举办12 期“阅读推广人”培育行动，培养了 3000 余名“阅读推广人”，造就了一支立志阅读推广、掌握专业技能、富有实践经验的专业化阅读推广人队伍。

（二）整合资源，互联互通——推进并完善总分馆制

总分馆制是指由相关区域单位内的一个或多个建设实体建立的较为有效、较为实惠的“图书馆集群”服务系统。总分馆制可以协调多个分馆，实现共建共享，将管理模式、业务体系发展得更为统一，最终使得资源的采购、整理、加工可以在统一的平台中进行，实现物流的统一配送。总分馆制实现了不同地区、城市、社区、农村图书馆之间服务、资源的

最佳整合。总分馆制是一种将“阅读”由城市扩展到乡村，最终深入基层的有效方法。

例如，嘉兴市实行层级式“总分馆—中心馆”的服务模式，也就是在总馆与分馆中实行“一卡通行”。这一模式以市中心馆、县级中心馆为基础，结合各乡镇级图书馆，共同建设辐射城乡的图书馆体系，开展改造阅读空间、提升图书馆服务、强化图书馆体验等活动，构建嘉兴地区全民阅读模式，在“大嘉兴”区域内推广“城乡一体化、包容、平等”理念。通过对分散资源的全面整合以及阅读服务的延伸、扩展，公共文化服务供应水平、规模逐渐向标准化、均衡化方向发展，节省了各级图书馆的建设、运营成本，提高了服务水平、效率。

（三）引领活动，提升效能——拓展阅读推广长效服务机制

阅读促进机制是一种长期服务机制，旨在促进图书馆各种文献信息资源得到科学配置，使阅读在推广过程中的各个组成部分可以紧密相连、协同发展，进而得到有效利用，同时建设面向用户的多元化、综合性阅读平台，达到引导阅读、满足阅读的目标，最终创建独特的阅读品牌。我国的图书馆学会为了进一步开展全民阅读活动，专门成立了推广阅读组织，也就是阅读推广委员，主要目的是扩大阅读推广机制，确保阅读推广的制度化、标准化，并促进图书馆各类活动及服务长效发展。

研究、建立阅读服务的长效机制，对于图书馆在全民阅读促进工作中发挥基础性作用是非常有利的。在构建多层次、多元化的阅读文化推广平台的过程中，可以围绕不同年度的阅读活动主题来打造适宜的阅读推广品牌。例如，为了更好地在实践层面上普及社会阅读，我国图书馆学会已经开始启动一个品牌项目——“全国阅读论坛”，每年均创建不同主

题。到目前为止，已经成功开展了十三届，对培养人们的阅读习惯起到了良好的带动作用，促进了全民阅读事业的不断发展。

以发展公共文化服务体系为目的的阅读推广工作是图书馆当代工作的根本责任、历史使命，在满足社会基本文化需求、传播先进文化理念、促进社会和谐发展等方面发挥着独特作用。作为全民阅读的示范者、实践者，图书馆应当把“促进阅读”作为图书馆工作的基本内容、中心任务，应该适应新的阅读需求，引入新的阅读形式，丰富阅读的资源，拓展阅读的范围，将阅读实践、文化精髓渗透社会的不同层面，同时融入公民的生活中去，普及新知识，实现全民阅读效果。

第二节　基于 5W 传播理论的图书馆群组阅读推广模式

信息技术以及信息数字化时代的发展促使人们的阅读习惯和方式都发生了很大变化，读者之间出现了越来越明显的阅读分层。另外，随着阅读群体的不断变化，各地各级公共图书馆的推广服务工作也在不断改变和完善，将读者的阅读兴趣划分成组，有针对性地推广图书馆阅读资源。有一部分公共图书馆在实践研究的过程中大胆尝试与 5W 传播理论相结合，目的是契合读者的阅读习惯和身心发展特点，进而彰显图书馆阅读个性化、高效化和规范化的特点。我国公共图书馆的推广服务模式是被动的，遵循的是“由读者提出要求，图书馆根据要求提供服务”的原则。正是由于这样的情况，深入研究和发掘 5W 模式在公共图书馆领域的应用，对创新图书馆阅读推广的客体单位，从单一的个人向群组进行转变，提升公共图书馆的阅读推广活动效果具有重要意义。

5W传播理论是20世纪中期美国政治学家哈罗德·拉斯韦尔提出来的，他认为人类社会的传播活动从过程和环节进行划分，主要由主体（Who）、内容（Says What）、媒介（In Which Channel）、客体（To Whom）、效果（With What Effect）五个要素构成。公共图书馆是社会公共资源储存、交换与传播的中心，从本质上看，也属于社会传播活动的范畴，因此，5W传播理论应用于公共图书馆群组阅读推广服务活动具有科学的理论基础。针对公共图书馆阅读推广服务的实际情况，5W传播理论中的五大要素又可具体化为控制分析、内容分析、媒介分析、受众分析、效果分析五个部分。

一、基于5W传播理论的公共图书馆群组阅读推广服务模式构建要素

按照5W传播理论的界定，公共图书馆群组阅读推广服务模式由主体、内容、媒介、客体与效果五个要素构成。

（一）主体

公共图书馆是图书馆推广群组阅读服务的主体。在社会文明建设过程中，图书馆起到了至关重要的作用，汇集了各类文献、信息资源和人类文明成果。除此之外，图书管理员在阅读推广中也起着重要作用，相较于图书馆本身，图书管理员是具有能动性的推广阅读服务的主体，能够实时为读者提供阅读服务。信息技术的有效发展促进了图书馆与图书馆之间的馆际交流和合作，促使这种信息互通模式成为公共图书馆服务的发展主流。相比于以往单一的阅读推广活动，现下更加推崇的是高校图书馆、档案馆、博物馆等机构的交流合作，力求为不同的读者群组提供全面丰富的阅读内容和推广活动。总之，从宏观上看，5W传播理论的阅

读推广服务主体是公共图书馆；从微观上看，还可以把推广服务主体分为能动性主体和合作性主体。

（二）内容

公共图书馆群组阅读推广服务模式的主要内容包括数字文献、纸质文献，文献格式表现为音视频、图文等形式。就目前而言，采用较多的推广形式是数字文献和纸质文献相结合的方式。两种推广形式的结合主要表现在以下方面：第一，传统纸媒的设计与推广运用，包括读者交流会、地方性民俗活动、文化节、新书推荐会等各种新的推广方式。参与这些活动能够让读者真实地感受文献资源的丰富多样，从而帮助读者养成良好的阅读习惯。第二，数字阅读推广平台的使用。通过社交媒体平台，让公共图书馆的各个线上平台被读者所运用。公共图书馆通过线上建立兴趣小组，让读者自行加入兴趣小组，或者可以由图书馆根据读者信息进行分组，如此能够更加系统有效地为读者提供有针对性的阅读推广服务，从而更加清晰、有层次、科学地为读者提供专业的阅读内容。

（三）媒介

根据上述内容，从内容的表现形式来看，公共图书馆群组阅读推广服务的内容可以分为数字文献和纸质文献两种形式，于是，在推广过程中，虚拟媒介和物理空间两种推广媒介应运而生。所谓物理空间群组阅读推广方式是聚集阅读群组成员于图书馆内，在图书管理员的引导下组织和开展讲座和交流活动。这种推广方式是由图书馆主动发起的，读者是被动接受推广服务。所谓的虚拟空间群组阅读推广方式主要包括视频授课、推荐网络信息资源以及阅读和推广社交平台，这种方式更加灵活、覆盖面更广、创新意识更高，与当下的信息技术发展潮流更加契合，更易于被广大读者接受。尤其人们常用的社交软件，更加有效和友好地推广了公共图书馆群组阅读服务。另外，5W 传播理论也与两种媒介紧密结合，力求为读者提供更便捷、更有效、更丰富的文献信息资源，在一定程度上促进了公共图书馆群组阅读推广服务的长远发展。

（四）客体

从宏观意义上说，公共图书馆群组阅读推广服务的客体是社会中的全体读者用户；从微观意义上说，公共图书馆群组阅读推广服务的客体是以群组为一个单位进行分组。因为很大一部分公共图书馆受到人力、物力的影响，无法实现为读者提供个性化、差异化的服务，群组单位的设置能够把需求相同的公共读者聚集起来，更加有针对性地为读者提供个性化服务。比如，北京丰台区建立了一个公共图书馆，其文献库中设置了特色古文献资料库，并且这一资料库是免费开放给读者的，读者能够根据自身需求查阅文献和资料。除此之外，图书馆还会主动为读者推广和推送其感兴趣的古文献，这样的推广方式能够有针对性、有效地实现客体群组的精准化服务推广。总之，这种推广方式有效地提高了公共图书馆的阅读推广力度，节约了阅读资源，优化了图书馆的馆藏设置，最主要的是增加了读者对图书馆的黏度，为营造良好的阅读环境打下了坚实基础。

（五）效果

阅读推广活动效果的检验需要综合可量化的显性效果和不可量化的隐性效果。5W 传播理论结合构建公共图书馆群组阅读推广服务模式的效果要素，将效果评价理解成阅读推广效果的评价指标。对前一段工作成果的总结和工作问题的反思标准是拥有一套科学、合理的群组阅读推广评价机制，评价机制有效、合理也是进行下一阶段工作的根据和出发点。所以，一定要正确运用公共图书馆群组阅读推广服务评价体系。在具体实践过程中，要将推广服务的效果指标合理、正确地区分开来。从整体出发，首要任务是测评群组划分的指标，将群组划分的覆盖度、合理度和有效度做充分的考量。紧接着就是评价公共图书馆群组阅读推广的服务流程，比如，评价推广内容的选取、评价与读者需求的匹配度、评价各项推广活动的参与人数等，这些都能够为评价公共图书馆群组阅读推广服务效果提供重要依据。总而言之，设置合理、有效的评价指标体系能够更加全面、立体地对阅读推广服务进行衡量和调整。

二、基于5W传播理论的公共图书馆群组阅读推广服务模式建设策略

根据5W传播理论的五大构成要素，笔者从主体、内容、媒介、客体和效果五个维度提出了相应的公共图书馆群组阅读推广服务模式的构建策略。

（一）群组阅读推广主体：健全图书馆机构，加强合作

推广群组阅读服务的主体要素是公共图书馆，实现阅读推广活动的效果需要健全和完善的主体机构。在制定发展策略过程中，应该强调5W理论在公共图书馆中的主体定论地位。首先，作为公共图书馆本身，应该不断加强自身的资源建设和文献资源建设，特别是注重资源数据的发展和创新。具体措施包括：有针对性地为群组用户提供阅读需求，打造独具特色的文献数据库，加强建设以资源建设为中心的图书馆群组阅读推广服务机构。其次，突破以往单一的群组阅读服务，因为这样的服务模式存在很大的局限性。在打破瓶颈过程中，公共图书馆应该与相关机构

建立联合机制，可以和当地的高校图书馆、文化服务机构以及基层组织相互合作和交流，建立合作联盟。这种互联模式能够挖掘更全面、更丰富的资源，能够将推广服务的范围不断扩大，能够为公共图书馆群组阅读推广建设多内容、多渠道的推广模式。除此之外，还需要设立专门的群组阅读推广机构。如此，才能够有专人整理、规划、指导和管理公共图书馆群组阅读推广工作，进而高效地运行服务推广工作。

（二）群组阅读推广客体：群组划分，因地制宜

公共图书馆群组阅读推广服务的核心在于群组的精准划分与定位，这是图书馆个性化服务的延伸和发展。公共读者是5W理论视角下图书馆群组阅读推广服务的客体，要想对群组读者进行精准的内容推送，重中之重是要明确群组划分的标准。一般来说，图书馆可以根据读者身心特征、科研专业、知识结构、阅读兴趣等特点确定群组，进一步打造“我想读什么就提供什么”的专属推广模式。例如，公共图书馆可以根据读者年龄将老年读者组成一个特定群组，将其作为阅读推广服务的客体，定期定量地为老年读者推送养生、保健类的相关资讯和读物，满足老年读者的共性阅读需求。此外，图书馆可以进一步发挥文化传播的作用，为老年读者构建交流平台，增强老年读者间的情感沟通与互动，帮助老年读者驱散孤独感。总之，5W传播理论中，客体因素直接影响主体活动的效度和信度。对公共图书馆群组阅读推广服务而言，因地制宜的群组划分有利于加强公共图书馆对群组客体的关注，从而将公共读者的需求和阅读推广服务有效地连接起来。

（三）群组阅读推广内容：开发特色，强调共享

5W传播理论认为，活动的中心要素是内容要素，内容要素始终贯穿

整个活动，因此，建设公共图书馆群组阅读推广内容在服务模式研究中也是重点和难点。随着阅读范围的不断扩大，读者对文献资源的需求量不断增加，图书馆需要不断填充和更新资源库，这样才能保障内容丰富、全面地输出。与5W传播理论相结合，在策划公共图书馆群组阅读推广服务模式建设的内容要素时，可以从以下两方面出发：第一，建设具有本土特色的阅读群组。在阅读内容的设计方面，可以依据读者的阅读需求，进行专业化、标准化、集中化的资源共享，并将资源数字化加工，形成独特的网络数据库，既满足读者的物理空间需求，也满足读者的网络平台需求。第二，加强馆际之间的合作。资源互通和共享对建设网络平台来说是至关重要的，加强与其他类型图书馆的合作能够节约资源成本，让资源最大化地被利用，还能够提高推广服务的多样性和主动性，提升公共群组阅读推广服务内容的影响力。

（四）群组阅读推广媒介：创新服务，树立品牌

5W传播理论的基础是推广媒介，推广媒介能够最大限度地为群组用户提供阅读的渠道和平台。所以，在推广群组阅读过程中，一定要创新推广媒介，树立独特品牌。推广媒介的应用主要涉及两方面：第一，抓住读者的使用习惯，将读者常用的信息获取方式发展成传播媒介，如各类社交软件，将公共图书馆的阅读资源推广到读者可能涉及的任何平台，让读者能够全天候阅读到与自己相关的信息资源。这种推广方式能够打破读者在时间和空间上的限制，让阅读推广服务更加全面有效。第二，服务品牌的打造。随着时代的不断发展，同类产品的样式五花八门。为了更准确地传播自身的特点和优势，都会选择打造属于自己独特的品牌，让用户能够信赖自己的品牌，阅读推广服务也不例外。为了能够推广服

务，公共图书馆应该着力打造属于自己的品牌，比如，真人图书馆的建设。这种方式是以小组交流的形式，通过动态、立体的人物展示阅读资源，这样能够让读者更加真实地感受阅读的魅力和内容的真实，从而加强读者的阅读兴趣，并且通过开展“读书节”系列活动，公共图书馆的品牌效益更加凸显。

（五）群组阅读推广效果：合理评价，规范管理机制

5W 传播理论的最后一个构成要素为评价，此评价又可看作下一个 5W 传播活动的基础，有利于促进和改善公共图书馆阅读推广活动。针对公共图书馆群组阅读推广服务而言，有效的评价是指科学合理的评估体系。公共图书馆在经过主体提供—内容筛选—媒介构建—客体划分四个环节后，应该及时落实阅读推广评价工作。一般来说，完整、规范的阅读推广评价体系包括评价方法、评价机构、评价指标和反馈信息等，通过对群组读者进行回访，获取读者的真实反馈，完成 5W 传播理论的一个阶段循环。群组阅读推广效果的最大价值在于使图书馆结合机构内衡量阅读推广活动指标，清晰地认识到当前阅读推广活动存在的问题和不足，并以此为契机，在总结经验、吸取教训的基础上，开启下一轮群组阅读推广服务活动，实现多个 5W 传播活动的衔接与良性循环。总之，重视 5W 传播理论中的评价要素有利于对公共图书馆群组阅读推广服务进行规范管理，以促进活动更好更完善地开展。

综上所述，阅读推广是一项长期而艰巨的工程。5W 传播理论应用于公共图书馆群组阅读推广活动是适用的，更是必要的，有利于促使公共图书馆阅读推广形成一个更为精准和个性化服务的良性循环。

第三节　基于真人图书馆的图书馆阅读推广活动

真人图书馆是公共图书馆在阅读推广方面做出的新探索，是其开创的新模式，这种模式在国外得到一定应用。真人图书馆指的是读者和具体的人进行交谈，以此来获取知识的过程。国外公共图书馆把这种服务当作日常服务。我国在2008年时把这种模式引入国内，之后慢慢在图书馆领域推进这种模式的应用。现在，这种模式已经取得了一定的效果。从这一点来看，图书馆阅读推广服务可以把这种模式当作服务推广的新方式。

一、真人图书馆认知

国内还没有形成明确的真人图书馆的具体定义。一般情况下，在理解真人图书馆概念的时候可以从两个角度入手：首先，广义角度的真人图书馆包括的形式比较多，如讲座、沙龙、论坛以及读书分享会，等等，都属于广义真人图书馆概念包含的内容；其次，狭义角度的真人图书馆，从这一角度理解真人图书馆的概念应该涉及图书馆、读者以及真人书。这一点和杜定友的观点真人图书馆应该涉及三个要素“书、人、法”是吻合的。狭义角度的真人图书馆认为举办活动必须在图书馆当中，之前举办的一些活动地点选择在博物馆或者音乐厅，但是最近几年随着真人图书馆活动发展的深入，活动基本都在图书馆当中举行。图书馆本身在理论研究以及实践方面相对成熟，很多真人图书馆也更加注重把图书馆当作举办活动的主要地点。真人图书馆中把人当作图书，比如，很多经验丰富的行业精英、很多掌握某一个方面技能的普通人，还有可能是过往经历相对特殊的相关人士。除此之外，图书馆会为读者提供一定时间的阅读服务。

当读者使用真人图书馆服务的时候，真人书和读者之间可以进行语言互动、肢体互动。因为图书是真人书，所以要考虑人的精力限制，一般情况下是半小时左右。在真人书愿意的情况下，阅读时间也可以相应延长。

二、真人图书馆阅读推广长效机制的构建

真人图书馆作为一种全新的阅读形式，需要进行广泛推广，构建真人图书馆阅读推广长效机制才能够获得长足发展。下面从真人图书馆的运作机制、效果保障机制两个角度出发，建立真人图书馆阅读推广长效机制。

（一）真人图书馆的运作机制

笔者将真人图书馆的运作机制总结为真人书的管理以及真人图书馆制度，并分别提出以下建议。

1. 真人书管理

（1）真人书的甄选

真人书的筛选指的是在开展真人图书馆活动之前，图书馆工作人员应该根据本次活动的主题来挑选真人书，挑选过程当中，最先考虑的是真人书本身的情况。举例来说，要考验其品行如何、素质如何、价值观是否正确，必须保证真人书能够传递积极的能量、正确的看法。有的时候在毕业季，高校图书馆会引入很多社会以及企业当中的精英，为需要就业的学生解决问题，这时图书馆可能联系社会当中的知名企业家，让企业家对学生讲述他们自身的奋斗过程。有一些图书馆也会邀请普普通通的企业员工，让他们讲解自己勤奋努力的工作历程，让学生了解工作态度的重要性。这些正确思想全部需要图书馆选择合适的真人书，选择积极正向的真人书，只有做到这一点，才能顺利开展真人图书馆活动。这和高校图书馆

不一样，公共图书馆接待的读者大部分是社会当中的人民群众。在选拔公共图书馆的真人书时，工作人员应该选择积极的、乐观的、优秀的人员，把他们引入图书馆的真人书库，让他们成为真人书库的图书资源。

（2）真人书的编目

为了更好地开展真人书的管理，图书馆应该参照图书馆管理方面的法律规定对真人书进行分类管理、编目管理。具体来讲，真人图书的编目信息应该涉及性别信息、职称信息、年龄信息、职业信息、学历信息、工作单位信息。有了这些信息之后，读者可以进行相关的查询和借阅。如果图书馆有了一定数量的真人书，应该根据相关信息建立真人书编目系统，把所有与真人书有关的信息都记录下来，汇总整理。读者可以根据自己的需要按照主题、类别进行检索，然后借阅需要的真人书。通过这样的做法，真人书服务可以变得更加高效。另外，图书馆工作人员也可以把不同的真人书设置成不同主题，如升学主题、就业主题、情感主题，等等，这样的划分可以让读者更有效地选择适合自己的真人书。

（3）真人书的记录与保存

传统的纸质图书或者电子文件都可以保存在图书馆当中，但是，真人书不能使用这样的记录方式或者保存方式，这是因为真人书具有人的特性。而且，真人书和读者之间进行交流时需要双向的信息交流、信息互动，这涉及人的隐私问题。所以，无论是保存真人书信息，还是记录真人图书信息，都必须获得真人书的同意。在获得真人书的同意之后，想要对交流过程进行记录，可以使用文档记录的方式、视频录制的方式或者录音的方式，这些方式可以让读者和真人书的交流场景得到更好的还原。文档或者录制的视频、音频可以由图书馆工作人员进行剪辑，然后保存成文件，让它有更强的可读性。文件制作完成之后，也要划归到不同主题，这样才有助于文件的更好查阅。除此之外，图书馆也可以将这些文件放置在图书馆网站，为读者提供更多的文件获取方式。与此同时，也可以加强真人图书馆活动的宣传。

为了获得持久的真人书资源，图书馆可以将自己的纸质图书资源利用起来，长期向真人书本人赠送一些纸质图书，以此来作为他们参与志愿服务的回报。除此之外，图书馆也可以深入开发真人图书馆这一活动，做成明显的活动标识，然后在图书馆宣传过程中把这些内容添加进去。这样的宣传和记录可以更好地构建真人书资源库，可以让图书馆有更加丰富的馆藏。另外，图书馆还可以借助真人图书活动打造自己的图书馆特色或者地方特色。

2. 真人图书馆相关制度

（1）真人书的借阅规则

图书馆开展真人图书馆活动的时候，也应该制定图书借阅规则，这样才能顺利开展真人图书馆活动，才能保证各种活动顺利进行。

第一，借阅流程。首先，读者应该根据图书馆设定的真人书主题以及自己的借阅需求预约自己喜欢的真人书，然后根据预约的时间、地点参加活动。在活动过程中，读者和真人书要互相尊重，真诚对待彼此，让彼此处于平等地位进行交流。要自觉维护交流过程当中的和谐氛围，才能做到知识的真正传递和分享。如果交流过程当中出现了不文明行为，图书馆工作人员应该及时进行制止，并且发出相应警告。每次真人书的交流时间应该维持在半小时左右，而且要采用交流双方都认可的记录方式。记录活动结束之后，应该由图书馆工作人员对读者以及真人书进行一定的反馈调查。通过反馈调查可以改正活动中的一些问题，可以不断地优化和完善，有助于图书馆建设自己的真人书资源库。而且，图书馆应该注意真人书和纸质图书之间的区别，要充分尊重真人书的人权，真人书有权利拒绝回答一些问题。在交流过程中，如果真人书感觉交流不舒适，可以随时停止交流。

第二，借阅方式。真人书既可以选择一对一的借阅方式，也可以选择一对多的借阅方式。不同的方式有不同的特点，采用一对一的借阅方式，读者可以享受到更精准的服务，可以和真人书展开深层次的交流，更好地满足自己在图书方面的需求，但是有可能发生问题重复解答的现象。一对多的借阅形式因为人数的不同而显现出不同特点。如果人数特别多，活动的开展就类似讲座或者座谈会、经验分享会等；如果人数比较少，形式则更加类似沙龙。当人数增加的时候，真人书阅读活动会有更强的互动性，这种形式相比于一对一的阅读效果可能会稍稍降低。

（2）真人书评价反馈机制

建立真人图书的借阅反馈机制可以让活动的开展有制度保障，可以为活动效果的稳定提升提供帮助。图书馆工作人员可以从读者以及真人书两个角度搜集图书活动的反馈信息，了解活动举办过程当中是否存在意外情况、是否存在不足之处，然后有针对性地制定解决方案。除此之外，图书馆还可以调查活动过程中读者有哪些收获以及对服务有哪些建议、真人书又有哪些建议。从读者和真人书两个角度出发进行活动调查可以让活动得到更好的优化和完善。具体来讲，活动调查以及信息反馈获得的方式有现场调查、问卷调查、邮件回访或者电话回访等，针对读者和真人书进行反馈调查应该设置不同的调查问卷、调查内容，调查内容应该主要围绕活动体验、活动建议、活动质量评价等方面展开。

（二）真人图书馆的效果保障机制

真人图书馆的效果保障机制主要包括真人图书馆的组织机构、真人图书馆的培训机制以及真人图书馆的评估机制。

1. 真人图书馆的组织结构

一个完善的体系可以让活动顺利开展、协调开展，真人图书馆活动的开展也需要建设完善的组织体系。在组织体系建设方面，图书馆本身就具有优势，因为图书馆是已经发展到相对成熟的机构，图书馆日常的各种活动的开展也都是科学有效的。所以，图书馆在建设真人图书馆活动的组织体系的时候可以依托原来的组织结构，再设置一个专门针对真人图书馆的独立组织体系。而且，图书馆之前就有各种各样的丰富经验，在开展真人图书馆活动的时候也能够顺利实现活动目标，顺利做好活动的各种宣传，有效完成活动预约工作以及后期的活动反馈调查工作。与真人图书馆活动有关的所有环节都需要具体的工作人员负责，也需要花时间去科学合理地规划设计，所以，它需要一个完整的体系作为基本保障。除此之外，我国在开展真人图书馆组织体系建设时可以借鉴其他国家或者地区的建设过程，在此基础上，结合图书馆本身的条件、设备建设出符合自己需求的组织体系。组织体系建设完成之后，真人图书馆的推行将会达到更深层次。

2. 真人图书馆的培训机制

真人图书馆的培训机制主要保障的是真人图书馆活动的顺利举办。如果真人书、读者都能够接受有关真人图书馆活动的培训，在举办活动过程中，活动开展也会更为顺利。

（1）馆员培训

图书馆馆员需要承担很多真人图书馆阅读活动的工作内容，他们除了要参与图书馆的管理工作外，还要解决活动中可能出现的冲突。所以，图书馆对工作人员的要求应该是积极向上，认真负责，并且掌握图书馆专业知识。除此之外，图书馆也应该为工作人员的提升提供培训机会，激发图书馆工作人员参与工作的积极性、主动性，做到了这一点，才能真正实现真人图书馆的快速发展。同时，图书馆应该要求工作人员掌握所有真人图书馆可能涉及的工作环节，让工作人员尽可能协助读者和真人书调配交流时间，寻找合适的活动场地，保持借阅过程中的良好秩序。如果发生了意外情况，工作人员应该积极介入，帮助他们缓解矛盾。工作人员的高素质是真人图书馆得以开展的重要因素，也是真人书和读者之间的桥梁。

（2）真人书与读者培训

图书馆除了要培训图书馆工作人员外，还要培训读者以及真人书。在培训读者和真人书的过程中，主要的培训内容是让他们了解借阅过程中应该遵循哪些规范。首先，图书馆应该正确通知相关的活动信息，保证时间、地点的准确，这样才能避免活动开展时场面混乱。其次，要让读者和真人书了解借阅规则以及借阅过程中要遵循的伦理规范，要让彼此了解应该做到平等沟通，尊重彼此，使用文明用语进行交流，这样才能真正做到知识的学习与流通分享。除此之外，也要考虑有一些人是不太擅长使用谈话技巧的，也就是在交流过程中并不具备较多优势。在这样的情况下，图书馆应该引导读者和真人书了解如何实现更好地交谈、如何掌握交谈技巧。这方面的培训需要图书馆提供相关课程，或者邀请谈话方面的专家亲自进行谈话指导。最后，要培训读者参与活动反馈，也要培训真人书参与活动反馈，让他们了解活动反馈中应该反馈哪些问题、应该针对哪些方面的内容进行反馈。通过反馈的方式，图书馆才能真正了解读者在活动中的体会以及感受。

3. 真人图书馆的评估机制

真人图书馆评估机制建设过程中应该关注以下三方面的内容。

（1）真人书的评估

真人图书馆的发展速度是比较快的，建设真人图书馆评估机制可以留住非常优秀的真人图书资源。而且，图书馆工作人员也可以评估真人书的价值观念、思想观点是否正确，心态是否积极，利用评估，可以避免真人书对读者的误导或者对读者产生不良影响。

（2）真人图书馆服务质量评估

当下，真人图书馆的服务评估还没有受到国内知名图书馆的关注和重视，相关研究者展开调查发现，所有真人图书活动中，只有上海交通大学在举办活动的时候设置了留言板模块。也就是说，只有上海交通大学图书馆进行了服务调研，设置了真人书的服务反馈机制。通过反馈结果可以进行评估，评估机制建设之后有助于图书馆总结活动举办经验，发现活动的不足之处，然后不断完善活动设计，提供更加丰富的活动方式，真正提升真人图书馆活动的质量。当下，真人图书馆要注重的就是建立真人图书馆质量评估体系，在建设评估体系的时候，可以参考国外形成的相对成熟的评估体系。具体来讲，建设过程涉及六方面：可感知性、安全性、可靠性、保证性、响应性、移情性。通过借鉴，国内图书馆可以从上述提到的六个维度去建设属于我国的符合我国特色以及图书发展需要的服务质量评估体系。在建设服务质量评估体系的时候，要更多地考虑读者的需求，尽可能提高读者满意度。

（3）真人图书馆活动效果评估

在评估效果的时候，要考虑以下几方面的影响：真人书借阅人数、读者反映情况，以及活动的举办次数、举办频率。衡量一个真人图书馆活动的举办质量的主要方式就是进行活动效果评估，通过评估才能知道活动举办有哪些不足，有哪些优秀之处，也只有真正了解之后，才能做出相应的改善和优化，才能真正延伸图书馆的服务长度，扩大图书馆的图书范围。之前的调查研究表明，读者是比较希望参与图书馆效果评估的。图书馆进行效果评估的时候，可以使用现场调查、问卷调查、电话调查的方式。举例来说，如果使用问卷调查的方式，图书馆应该在调查问卷中设置和活动效果有关的问题或者选项，让读者进行选择问卷调查，应该注重从读者的角度去看待、去分析。

在未来的发展过程中，真人图书馆阅读推广会更多地出现在社会当中，会和人们的日常生活有更多联系。所以，当下图书馆在开展真人图书馆活动的时候，一定要注重质量的提升、体系的建设、机制的形成，还要借助交叉学科具有的优势，让图书馆活动的内容更加丰富，满足读者在真人图书活动中的阅读需求。

第五章 图书馆阅读推广活动

第一节 图书馆经典阅读及其推广

一、经典阅读推广概述

（一）经典与经典阅读

1. 经典

经典，主要指记载了人类历史文化进程，对人类文明的发展起重大作用和重大影响，历经岁月沧桑不减其价值的著作和篇章。这些作品具有不可取代的代表性和影响力，展示了人类文明各方面的成就，反映思想的流变和文化的发展。经典的文学作品还具有丰厚的人生意蕴和永恒的艺术价值，为一代又一代读者反复阅读欣赏，体现民族审美风尚和美学精神，深具原创性。文学方面主要体裁有诗歌、小说、散文、戏剧等。

2. 经典阅读

经典阅读，主要包括两方面的内容。

（1）阅读书面读物。阅读书面读物，同时关联着相应的阅读方式、阅读状态，即阅读是独立进行的、个性化的、宁静愉悦的，并能以文字符号为引导而使阅读主体展开联想、想象以及再创造。

（2）阅读有品位的好书。阅读美文，特别是经典之作，因为无论涉及哪一个领域或哪一个层面，往往都是智慧的闪现、精神的馈赠，而且能够经历时间长河的无情冲刷而更见其超越时空的生命光彩。阅读这样知识的、精神的佳品，是人类极富智慧的选择。真正的阅读者，往往能在阅读中获得愉悦，达到净化心灵的境界。

经典阅读是一个自主选择的过程，更是一个动态构建的过程。这种“选择”与“构建”，都是在平等的“对话”与“理解”中完成的。读者通过作品，理解作者的人生和思想感情，反思自我的生命历程，逼近自我生命的本质，在经典阅读中重新发现自我。

（二）经典阅读的三重境界

1. 开卷有益

经典阅读的第一种境界是“开卷有益”。顾名思义，就是只要多读好书，自会收获良多，读书尤其是经典阅读乃是一个人成长进步的重要阶梯。

2. 雕精达博

经典阅读的第二种境界是“雕精达博”。如不能雕精达博，学问便如浮萍无根，难以致远，难现大气象，根深则枝繁，枝繁则叶茂。如果读书只满足于当下的愉悦而不注重分析、综合、系统化，不仅思想难有高度、深度和宽度，所获知识恐怕也很容易像网络资讯那样沦于即刻性和碎片化。

3. 融会贯通

经典阅读的第三种境界是“融会贯通”。这里所说的“融会贯通”，可以从两个层面去理解：一是追求各类知识的融会贯通，也可称之为“圆融通透”；二是注重知行合一，自觉追求理论书本知识与人生社会实践的有效融合。经典阅读的过程，也是一个不断内化于心的过程，在这一过程中实现素质和涵养的提升。

（三）经典阅读的三种方法

1. 探源法

任何能传世的经典或学说都不会是无端而来、无端而去的，一般都有对前人的继承和对后代的影响。读完一部经典著作，也许一时不能宏观把握其中要义，这时不妨参考一点与之相关的资料，追溯一下这些作品受过谁的影响。

2. 选择法

当面对内容繁复的经典作品时，读者不可能将它们一一解读，这时就需要有所取舍。在选取的过程中结合自己的爱好、特长、专业等，既能扩大知识面，又可以提升阅读兴趣。

3. 联想法

中国传统文化中“形象思维”很发达，无论是讲哲学、叙历史，还是抒情咏物，都离不开形象的描绘。阅读时，必须充分展开自己想象的翅膀，跟随着创作者的飞翔而遨游。阅读主体以最大的能动性进入作品，使自己的灵性与作品的意境相融通，和作者进行以诚换诚的交流和别有意味的心灵沐浴。

（四）经典阅读推广

经典阅读推广，即社会组织或个人为促进人们阅读经典图书而开展的相关活动。相较于其他阅读推广活动，经典阅读推广更突出推广内容的经典性。

1. 经典阅读是一种体验性阅读，阅读推广要注重读者的主动性

经典的文本大都是一个特定的体验世界，读者阅读经典的过程，就是感受、体验的过程，感受经典文本的形象世界，体验经典文本的情感世界，领悟经典文本的意义世界。

图书馆的专业性和权威性是图书馆经典阅读推广的重要优势，但是，图书馆对自身这种专业性和权威性的过分强调和滥用，也常常成为影响读者体验性经典阅读的重要原因。有的图书馆在经典阅读导读中将经典拆成一字、一句，学校授课式的单调逐一讲解，短短一篇文章要讲上整整两小时，严重削弱了读者的阅读兴趣，也限制了读者对经典的整体性体验；有的图书馆馆员或专家学者在回答读者关于经典的问题时，常常照本宣科或是一味坚持自己的观点，不能接受读者的质疑或是其他理解和解读，影响了读者阅读的积极性和主动性。

因此，图书馆在经典阅读推广中应更加重视读者的主观能动性，引导读者自己阅读和理解经典，而将自己放在一个咨询者和参考者的位置，面对读者对经典的理解和体验，要秉持兼容并包的思想和开放发展的视野。

2. 经典阅读是一种对话性阅读，阅读推广要注重读者的个性化

读者阅读经典可以看作是读者与经典的对话，这种对话是读者与作者之间的，超越时空的，超越现实的，是思想与思想的对话、心灵与心灵的对话，甚至是生命与生命的对话。对每一个不同的读者，每一场对话都是不同的，甚至对于同一个读者，每一次对话也都是不同的。因此，图书馆在进行经典阅读推广时，要重视和了解读者的个性化特点和需求，帮助不同的读者从其自身出发，阅读和理解经典，运用经典答疑解惑、

引导人生。

3. 经典阅读是一种陶冶性阅读，推广经典阅读要营造良好环境

推广经典阅读不仅仅是为了让读者从书本中获取更多的知识，更重要的是使读者通过阅读经典，陶冶情操，净化灵魂，升华人格。而这种陶冶性的阅读，更要求图书馆为读者的阅读经典活动提供优雅、平和、从容、安静、美好的阅读环境和阅读氛围。“孟母三迁”是为了给自己的孩子提供一个良好的学习、诵读环境，图书馆也可以尝试设置专门的经典阅览室，为读者提供一个理想的经典阅读环境。

二、图书馆经典阅读推广中存在的问题

（一）公共图书馆经典阅读推广方面

1. 缺乏对读者阅读需求、兴趣的前期调研和后期总结

大部分图书馆在经典推广活动中并未真正重视读者的需求和兴趣，往往只注重活动的开展、实施，凭借图书馆组织者的主观愿望、想法策划活动主题，虽然做了各种引领推广经典阅读的常规性宣传、展览、推介书目、讲座等工作，但收效不大，真正主动参与活动的读者并不多。现今社会，人们由于受网络信息、通俗读物、电子阅读等流行文化的影响，对于需潜心静读的经典原著是想读又不愿真正投入时间去读，而在求学读书阶段由于应试教育的压力，也没有精力真正阅读经典。许多人原本就没有阅读过经典原著，仅仅通过电视、广播、网络等稍做了解，而且电视等媒体由于商业利润原因还存在对经典内容的歪曲，部分人群对经典的了解可以说是零，至于感受经典给精神世界带来的惠泽更无从谈起。

人们不愿读经典的原因，还在于经典内容与现代社会行为方式的脱节，而且经典语言晦涩难懂，令汉语言素养不高的读者存在阅读理解上的困难，而且理解经典还需具备一定量的历史知识及其他人文知识，这都需要真正读书才能获得，再加上长期网络、手机阅读导致人们思维能力、阅读能力的下降，这些都造成阅读经典原著时的理解困难。图书馆应注重以了解读者需求，激发读者兴趣为基点，教授阅读经典的方法，帮助读者克服经典阅读的障碍，用各种形式吸引读者走进经典。

2. 利用教学资源及各种现代媒介技术

在利用现代媒介技术推广经典阅读中，图书馆对读者的培训有待加强。图书馆在信息社会引领读者阅读经典的模式中，必然包括利用数字资源及各种现代媒介技术，这是社会发展的要求和趋势。但对部分人群来说，尤其从传统纸质文献年代中成长起来的年龄偏大的读者，对于现代社会的网络、手机阅读等，可能不仅仅是不习惯，实际上是不会使用；就是伴随着网络、手机长大的年轻读者，可能利用网络、手机聊天、购物、游戏相当精通，但对于数字资源文献的检索及利用数字资源的技巧和能力可能还存在一定的欠缺。而部分图书馆对读者利用新技术阅读的培训缺乏有目的的整体规划、分期规划，也没有对读者利用技术媒介阅读的能力做相应调研，这就有可能导致经典阅读推广活动在实际运行中与现代技术新模式衔接受阻，不能有效调动新技术资源促进经典阅读活动的开展。

3. 图书馆馆员在引领经典阅读过程中主观意识及能力有待提高

虽然有的图书馆经典活动富有创意，并具有品牌效应，但对大多数图书馆来说，图书馆馆员在引领经典阅读活动中无论在主动意识方面还是在能力方面都存在欠缺。往往习惯于图书展览、讲座等常规方法，缺乏更深入挖掘读者阅读兴趣的主动意识。平时的经典阅读推广，未设专人负责，只是需要搞活动时临时安排，图书馆馆员缺乏系统连续的工作经验，也不具备相关的知识和技能，更缺乏统筹性和长久性的业务培训。经典阅读推广工作的组织者，图书馆馆员的业务意识及能力的欠缺，导致整体的经典阅读引领工作缺乏科学性和规范性。经典阅读推广缺乏应有机制的规划和保障。

经典阅读推广缺乏有效机制的保障，也没有一定范围内的统一规划。许多推广活动都有应景性的特点。每年世界读书日前后各图书馆都开展一些阅读推广宣传及活动，但热热闹闹举办后就销声匿迹了，因某种原因又需要搞活动了，就再热热闹闹举办一场。这都是因为没有从读者长期发展的角度考虑，也不利于真正引领读者阅读经典。经典阅读推广应融入图书馆正常业务工作中去，为保证经典推广的质量、效果，需要构建全面有效的整体规划及长效机制，而且为保证机制的合理性，还需要在实践的基础上进行理论研究，作为引领经典阅读的导航。

（二）高校图书馆经典阅读推广方面

1. 高校图书馆的利用率越来越低

网络阅读的盛行，使许多高校图书馆的利用率越来越低，对于经典文学的阅读更少。许多学生去图书馆的次数很少，高校图书馆的资源没有得到很好的利用，这也说明了大学生对经典文学的阅读量逐渐减少，且没有养成正确的阅读习惯。

高校图书馆是文学和文化的主要阵地，是为教学服务的，但由于高校图书馆的利用率越来越低，也造成了经典阅读推广不到位，不能将高校图书馆的资源和条件利用起来，这也是经典文学无人问津的原因。

2. 高校图书馆的经典阅读推广活动缺乏创新

在许多高校图书馆中，普遍存在这样一个问题，认为图书馆的工作非常清闲，而且非常被动，只有学生来阅读时才提供阅读服务。这就导致了有的高校图书馆在进行阅读推广活动时，前期工作没有做好目标设定，无法打通学生与图书馆之间的联络，同时，推广的方法也较为陈旧，并不是学生所感兴趣的形式。因此，并不能很好地吸引学生的注意力。每次的推广活动都没有任何新意，就让学生感受不到阅读的魅力。

三、图书馆经典阅读推广创新

（一）微书评与图书馆经典阅读推广

1. 微书评

微书评的文字内容被限定在 140 字以内，是一种新的书评文体，主要是以微语言、微表达为主，言简意赅，是一种浓缩性的文字精华。其宗旨是分析喜闻乐见的经典作品，揭示其中包含的深刻内涵，阐释作品的阅读价值。通过微书评，“平民草根”也能畅所欲言地发表阅读评论，分享读书的乐趣，行使自己的文化话语权，享受微书评散发出来的网络书香，给人以耳目一新的感觉。

2. 微书评与图书馆经典阅读推广实践

（1）通过各种微书评大赛活动，增强图书馆经典阅读推广服务的魅力。为了鼓励更多的读者参与到经典阅读的微书评写作中，使读者了解和熟悉微书评，激发读者爱经典、评经典的积极性，并且为了扩大微书评的影响，图书馆可以通过开展微书评征文活动、微书评大赛等活动，提高读者阅读经典的热情。通过开展内容丰富、形式多样的微书评活动，能够增强图书馆经典阅读推广服务的魅力，吸引读者参与到读经典、评经典的活动中。

（2）加强经典阅读推广服务团队建设，促进经典阅读推广服务的发展。为了加强经典阅读推广团队建设，图书馆需要通过各种措施，对微书评经典阅读推广服务人才团队进行建设，想方设法造就一支优秀的人才队伍，不断提高图书馆馆员的微书评经典阅读推广服务能力和水平，使其能够主动为图书馆微书评经典阅读推广服务贡献计策，发挥创造力，更好地满足读者的需求，从而促进图书馆微书评经典阅读推广服务的发展。

（3）充分利用社交平台与读者交流，促进经典阅读推广服务的创新。为了了解读者对经典阅读的心得体会，图书馆可通过微博、微信与读者进行充分交流，创建图书馆的经典阅读书评群、公众号等，根据读者经典阅读倾向特点，将具有学术价值和信息价值的经典书目推荐到平台上，从而与读者进行读书心得、作品思想内涵上的探讨。此外，还可以邀请书评专家、学者等参与不同的阅读群组。

（4）构建经典图书微书评数据库，实现经典阅读资源共享。为了加强图书馆馆际微书评经典阅读推广服务合作，各图书馆要构建经典图书微书评数据库，因为各图书馆自身所收藏的经典阅读和微书评资源都是有限的。此外，成立图书馆界经典图书微书评联盟，能够实现优势互补和资源共享，为读者提供经典阅读的优质导航。

（二）立体阅读与图书馆经典阅读推广

1. 立体阅读

立体阅读最初概念的提出是基于一种阅读方法，“立体阅读是指多方面、多角度、多层次理解书面材料的阅读方法”。因为这种阅读方法具有创造性阅读的特点，对于思维方式的要求倾向于多维、立体、系统。它所产生的影响不仅是知识的获得更新，更多的是带来思维方式的变革。随着内涵的不断丰富，立体阅读作为一种阅读推广方式的特性渐显端倪。“立体阅读就是借助广播、电视、网络多种媒体，整合它们的优势，形成对信息综合处理的最佳方式，构建更个性化、更快捷、更有效、更准确、更具有权威性的交流信息、情感、思想的媒介系统。”

2. 立体阅读与图书馆经典阅读推广实践

（1）创新机制，整合资源形成合力。立体阅读的特点，注定每一次经典阅读推广活动都是高强度、高力度的工作，仅靠馆内力量很难圆满完成活动目标，需在创新工作机制上着力。只有充分整合优势资源才能形成阅读合力，图书馆可倡议建立政府倡导、专家指导、社会参与、企业运作、媒体支持的运作机制，发动社会各界积极参与经典阅读活动，诚邀各方专业之士组成活动“参谋团”，对整体活动的规划、经典书目的推荐、重点活动的策划及各项活动的组织给予直接指导，为经典阅读保驾护航，广泛聚合全社会经典阅读的力量，持续广泛地开展各种主题活动，还要充分发挥传统媒体及新兴媒体的宣传作用，在全社会营造浓郁的经典阅读氛围。

（2）创新阅读，丰富载体形成效应。经典阅读能力的培养，不能只依靠推荐书目，要注重书目的梯度与切实。一方面，强调切实地选择经典，注意文本与生活、社会的互动；另一方面，强调在关注经典和传统的同时，营造真实生活情境。图书馆可借助各方力量，通过丰富载体积极打造共享式阅读，不断提高经典阅读的覆盖面；积极打造个性化、多样化、高端化阅读，不断提高经典阅读价值引导力；积极创新阅读，推动实体阅读和虚拟阅读协调发展，不断提高经典阅读创新力。

（3）创新平台，形成品牌传承经典。经典阅读推广平台可以创新打造成经典阅读交流平台，从活动策划之初、活动举办期间、活动结束之后，发挥网络交流平台功效，广泛征求读者建议、活动感受、意见经验等，为经典阅读提供立体的咨询交流平台。同时，在活动整个流程中强化工作人员的经典阅读活动品牌意识，强化品牌活动的创新性、持续性、有效性，不断提高经典阅读品牌活动的辐射力，进一步提升图书馆经典阅读推广活动的影响力和认知度，并进行品牌深度开发，如馆办刊物、经典活动电视直播等宣传载体运用。让读者在经典阅读交流平台中，通过思考、感悟，实现自我发现、自我成长，感受经典妙趣。

第二节　图书馆数字阅读及其推广

一、数字图书馆与数字阅读

（一）数字图书馆

1. 数字图书馆概念

数字图书馆是相对于实体图书馆而言的，一般情况下，数字图书馆是基于实体图书馆建构的一种虚拟图书馆。数字图书馆是随着信息时代的发展而来的，属于随着信息时代的到来而到来的产物。数字图书馆是一种能够为用户提供方便、快捷、高水平的信息化服务机制的拥有多种媒体内容的数字化信息资源，它既是一种科学技术，又是一项社会事业。进一步从概念上对信息图书馆进行具体化理解数字图书馆的工作的话，主要有两种：一是将传统纸质图书数字化，即将传统的纸质图书转化为电子版的数字图书；二是对数字图书的管理，这就涵盖对数字图书的存储、交换与流通使用。

2. 数字图书馆的基本职能

（1）数字图书馆的基本职能内涵。无论是数字图书馆还是传统类型的图书馆，基本职能都存在一个共同点，都强调对于各类资料的收藏是图书馆的基本职能。但是，数字图书馆与传统图书馆基本职能的侧重点各不相同，前者指的是对数字化资料的收藏，后者指的是针对纸质材料的收藏。

（2）基本职能的实现有利于文化的传承。在大数据环境下，数字化资料呈井喷式增长态势。数字化资料与纸质资料相较而言，具备三个突出优势：①可复制性强。要复制纸质材料的内容必须用笔逐字逐句抄写，工作量较大，耗时较长，而复制电子材料则往往效率更高，工作量较小。②不易毁损。纸质材料容易由于各类微生物的影响而发生霉烂变质现象，电子资料则不存在该方面风险。③突破了时空的桎梏。对于纸质版图书，如果要在图书馆之外的地方学习，就必须将该书带离图书馆，如果该书只有一本或者若干本，那么学习该书的读者数量无法超过书本自身数量，如果有读者办理借阅手续将书带离图书馆，那么可供读者学习数量还将明显降低。电子图书或理论文章则无此方面限制。

（3）基本职能的实现有利于提升教育与科研质量。虽然在目前的初等与中等教育中，课内老师讲授，课外学生做题还是主要教学形式；但是在高等教育中，图书馆自学已经成为学生平时学习专业知识的重要形式、开展毕业论文学术研究的必备前提以及高层次人才开展科学研究的必要基础。

图书馆的作用因而在高等教育中不可小觑，已经成为各大高校的最重要教学硬件设施之一，在大数据环境下，数字图书馆已经成为图书馆的重要组成部分。数字图书馆电子资料的收藏职能行使越充分，高校学子在学习专业知识时就有更多更前沿的专业资料可供学习，进行毕业论文学术研究时也可以更加深入、全面地掌握相关领域的理论知识与研究动态。

3. **数字图书馆面临的挑战**

（1）数字图书馆的外部竞争危机。现实生活中，学术资源上的大数据应用已经很常见。在学术、教育、文化资源上的网络资源建设发展十分迅速，这些网络资源建设商已经在资源的规模与种类两方面，远远地超过了传统的数字图书馆。并且，在大学校园中，绝大部分学生都是通过网络获得信息，而通过图书馆获得信息的学生只占极少的比重。而且，就图书馆网站和搜索引擎的利用程度来看，二者的利用率相差极大，大学生访问图书馆网站的比例远低于使用搜索引擎的使用比例，甚至有的大学生从没有去访问过图书馆网站（也就是数字图书馆）。传统的数字图书馆已经成了大数据时代背景下信息获取的最后途径。

（2）数字图书馆的内部建设困境。①信息时代遗留问题亟待解决。由于时代的差异，传统数字图书馆在建设时难免受技术所限。同时，由于资金不足、标准不统一等许多原因，导致数字图书馆长期存在诸如接口不统一、资源元数据描述不够、检索能力不足、文献数据相互关联性较差、互操作程度较低、资源发现和扩展能力低下等问题。这些问题从根本上阻断了各图书馆内以及图书馆之间信息的共享，也使得文献检索不便、不全。②大数据时代带来新的数字图书馆建设挑战。第一，大数据技术应用为数字图书馆传统技术应用带来挑战。目前，数字图书馆在信息检索互操作方面很难将复杂数据环境（多源数据、多类型数据）下的数据价值发现与图书馆知识服务结合起来。这是因为传统的数字图书馆的检索方式主要有基于图书馆自动化系统的元数据互操作和基于二代图书馆系统的基于系统的互操作两种，这两种检索互操作方式的结合应用，也只能是有效地解决信息描述与检索能力不足的问题，而无法解决上述问题。这一问题却完全可以通过大数据思维进行剖析与处理。第二，大数据思维为数字图书馆的用户维护带来了挑战。大数据的出现形成了有别于传统思维的大数据思维。这种在海量数据中寻找相互关系的思维逐步地使人抛弃传统的、易错的思维模式与实验方式，是一种“通过信息找人”的思维方式。传统的数字图书馆在其各项数据间都无法形成有效联系的情况下，想“通过信息找人”，即在数据中进行概率预测，为信息找用户的服务就很难达到。

对此，在大数据的背景下，传统的数字图书馆界就应当重视来自其自身内外的威胁，但有时威胁可能也是一种启示，更是一种机遇。

（二）数字阅读

1. 数字阅读的概念

数字阅读指的是阅读的数字化，主要有两层含义：一是阅读对象的数字化，也就是阅读的内容是以数字化的方式呈现的，如电子书、网络小说、电子地图、数码照片、网页等；二是阅读方式的数字化，就是阅读的载体、终端不是平面的纸张，而是带屏幕显示的电子仪器，如电脑、手机等。

2. 数字阅读的起源

数字阅读起源于网络、手机、掌上阅读机等数字载体的出现。网络信息量庞大、覆盖面广，手机、掌上阅读机使用、携带方便等特点，都为数字阅读提供了可能。

数字化阅读的兴盛为人们的生活和学习提供了更多乐趣和便利，但也引起了一些传统人士的忧虑。有人认为，随着数字化阅读的兴盛，用不了很长时间，传统的纸质读物将逐渐被人们舍弃，最终寿终正寝。这将破坏只有通过纸质阅读才能感受到的文化韵味。此外，数字化图书不利于传统的阅读管理，对不具有鉴别能力的未成年人的成长可能会造成负面影响。

在很长一段时间内，已为绝大多数人所习惯和接受的传统读书方式仍将同数字化读物共生共存。数字化的阅读方式，也一定有足够的智慧去驾驭和利用它，使其更好地为我们服务。

3. 数字阅读的特点

数字阅读理念的开放化与平等化，数字阅读内容的数字化、智能化，数字阅读方式的网络化、泛在化，数字阅读形态的多载体化、融媒体化，数字阅读效能的便捷化、分享化，数字阅读服务的融合化、互动化，这些数字阅读的特点与纸本阅读形成了鲜明的对比，在诸多方面形成了与纸本阅读有所不同的阅读度，对纸本阅读具有颠覆性。

二、高校图书馆数字阅读推广中存在的问题

（一）推广主体缺失

高校大学生数字阅读推广主体缺失，主要表现为以下三点。

1. 机构缺失

虽然高校图书馆是阅读推广的主体，但高校并未成立专门的阅读推广专家委员会，因此阅读推广并未上升到学校层面的重要工作，而且即便

就图书馆层面来说，大多数高校图书馆也并未成立阅读推广常设机构，经常临时抽调人员组成临时小组来开展工作，导致阅读推广活动无法长期化和制度化，影响数字阅读推广活动效果。

2. 人员缺失

图书馆馆员是开展数字阅读推广的重要主体，但由于我国图书馆立法缺失，还未建立起图书馆从业资格认证制度，馆员素质参差不齐，同时图书馆待遇的普遍较低，也很难吸引高素质的人才，这自然直接导致图书馆数字阅读推广专业人才处于短缺状态，影响了数字阅读推广的整体推进。

3. 合作缺失

高校图书馆往往是以单一主体形式组织开展阅读推广活动，高校馆之间、高校馆与公共馆之间、图书馆与社会机构之间合作举办阅读推广活动的机制尚未普遍建立起来，导致数字阅读推广活动的规模、影响力和效果受到限制。

（二）服务对象模糊

目前，专门针对本校学生数字阅读的阅读习惯、阅读兴趣、阅读效果等开展全面调查分析的高校图书馆并不多见。由于很多高校图书馆并没有认真分析本校大学生与网络阅读相关的阅读心理和阅读倾向，对数字阅读推广服务对象认识模糊，同时各年级、各专业学生知识结构和信息素养能力等方面具有差异性，因此统一、毫无针对性的数字阅读推广活动方案当然难以吸引大多数学生兴趣，效果自然也大打折扣。其实，在大学生中普遍存在的好奇、好动但过于追求娱乐休闲、思维活跃又兴趣广泛但缺乏分辨与自控能力、阅读情绪化、价值观取向模糊等心理，在很大程度上制约了大学生数字阅读的效果。

图书馆要对大学生数字阅读进行有效指导，首先应研究分析其生理、心理发展要求和特点，认真琢磨其成长需要与现实的磨合，并对其阅读状况、阅读需求以及阅读特点进行深入剖析，制订符合其阅读兴趣的数字阅读推广方案，引导他们从浅层次的表象文化进入深层次的精神追求，引导他们更多关注理想、信念、意志、品格等，更深刻认识和理解人生。

（三）资源内容繁杂

我国很多高校图书馆数字资源建设会面临这样的尴尬境地。一方面，每年投入上千万资金用于购买各类数据库，尤其是昂贵的外文数据库；另一方面，高投入下的数字资源利用率并不高，使用成本高居不下。图书馆所拥有的各类数字资源内容非常繁杂，有电子图书、电子期刊、视频等不同的资源类型，不同的数据库有不同的使用方法，这对大学生利用图书馆网站资源产生了使用障碍，虽然一些高校构建了数字资源统一查询平台，但这还远远不够，如何根据用户需求按学科、分层次整合所有数字资源（商业资源、自建资源和开放资源），建立明晰易用的数字资源知识地图是今后图书馆数字阅读推广中所应解决的一个重要问题。

（四）活动形式单一

目前，大多数高校的数字阅读推广主要还是依赖讲座、培训、视频等以单向交流为主的活动形式，互动交流的活动形式较少，阅读推广活动主题单调，创新性不足，同时推广设施设备也还不够完善，活动收效甚微。

三、高校图书馆的数字阅读推广对策

高校图书馆的巨大文献资源、最新的技术应用和良好的文化氛围，是高校图书馆满足用户信息需求、获得用户认可的基础。在校师生正更多地选择网络来寻找所需要的信息，所以高校图书馆数字阅读推广活动尤为重要。

（一）加强数字资源建设，增强读者吸引力

高校图书馆要结合自身特点及其读者的阅读倾向，建立合理的数字资源配置体系，保证数字资源馆藏能够充分满足读者的阅读需求。参阅学校各个院系图书室的专业书籍，并参考每位任课教师的课程参考书目，加之读者推荐购书环节的设置，逐步增大数字馆藏量，增加读者的参与兴趣。

在大量的馆藏信息资源和免费资源的依托下，高校图书馆可针对用户信息需求进行分析，对某一学科专题有利用价值的信息进行数字化整理分类，形成特色数据库资源。具体可将珍本、善本等纸质文献或特色多媒体资料等馆藏特色文献进行数字化，然后对数字资源和网络免费资源链接整合，相关资源进行归类整合方便读者进行延伸性阅读。

（二）加强阅读客体分析，增强读者黏度

数字阅读推广作为一种图书馆服务，也有其特定的目标人群。在研究图书馆数字阅读推广时，需要对数字阅读推广的目标人群进行研究。高校图书馆阅读客体大体可分为两种。

1. 普通客体

大二、大三的学生和高校教师已经初步了解了高校图书馆的基本设施

和使用流程，他们可以根据自己的需求快速检索到文献和完成图书的借阅，针对这类目标人群，高校图书馆数字阅读推广活动应趋向于专业性电子教案数据库完善，可以利用数据库讲座和有奖知识问答的形式，加强读者的参与度，增强读者黏度。根据重点学科、重点课题，对国内外该研究领域的新观点、新思潮、新动向进行跟踪，提供定性、定量的专题报告和论点汇编，以辅助科研。加强与各高校、各组织机构之间的合作，在互利互惠的基础上，通过馆际互借、文献传递、联合参考咨询、联合建库、集团采购等方式实现资源的共建共享，在缓解资金短缺问题的同时更好地满足读者需求。充分利用公共网络信息资源，加强网络信息资源的整合与开发，建立学科信息门户，为读者提供统一的检索入口和服务平台，有效提高网络信息资源的整体利用效率。

通过强有力的宣传，使高校读者认识阅读的重要性，了解数字图书馆的魅力，从而使读者主动参与到数字资源的阅读当中，体验阅读带来的乐趣，营造出良好的校园数字阅读氛围。

2. 特殊客体

大一新生初入校门，对图书馆规章制度、服务项目、设备设施和检索技能不够熟悉，缺乏图书的分类检索知识，在图书馆找书甚至都有困难。针对这一现象，文献检索课程与相关选修课的设置就成为重中之重，新生入学培训，图书馆基本信息介绍也是快速的推广途径。图书馆网站相关功能介绍，文献图书信息资源检索方式都是图书馆首要的推广内容。这时的图书馆网站就不能局限于日常信息的推广，更应该注重新生入馆前的培训宣传。

大四毕业生也是高校中特殊的人群，他们即将踏入职场，对基本技能类知识的需求增加，加之毕业论文和答辩让其对相关的专业知识和资源的需求量加大，专业技能类资源的推广则成为首选。针对这一特殊性，高校图书馆应充分利用数字资源，有效地组织相关信息，将海量的信息进行整理、遴选、重组，形成一种专业性更强、更有深度的信息库，便于读者浏览和使用。

（三）增强体验式阅读推广，让读者参与其中

互联网环境下，每个人都是知识的需求者，同时是知识的输出者，想要阅读的人，可以找到需要的阅读资源；也可以发布阅读资源，传播知识，实现个人价值的最大体现与提升。所以，高校图书馆数字阅读推广活动应成为常态化，并加强数字资源的体验式阅读推广，让更多的读者参与到数字阅读推广中。

手机应用、社交网络和内容社区等推广媒介将体验式数字阅读推广简单化，读者可以实时交流阅读体验，也可以在线提出相关阅读问题，让读者直接参与数字阅读推广过程中，并及时反馈交流经验，让数字资源“活”起来。

图书馆网站数据库建设也应注重增强读者体验式阅读，分类浏览、读者建购、热门借阅、热门评分真正地让读者成为数字阅读推广者，也可以分享发布自己整理收集的优秀的数字资源，在网站上管理自己的个性数字图书馆，并可以推荐分享给其他读者，真正地做到资源共享。

第三节 新媒体与图书馆阅读推广

一、新媒体概述

（一）新媒体概念

新媒体是相对于传统媒体而言的，是报纸、杂志、广播、电视等传统媒体以后发展起来的新的媒体形态，是利用数字技术、网络技术、移动技术，通过互联网、无线通信网、有线网络等渠道以及电脑、手机、数字电视机等终端，向用户提供信息和娱乐的传播形态和媒体形态。

（二）新媒体特征

新媒体可以实现内容的数字化生产和大规模复制传播，可以实现海量的内容存储，并能方便搜索和调用，还可以实现内容与内容之间的互动链接，跳转、切换方便。除此之外，新媒体还有以下四个特征。

1. 价值

媒体是具备价值的信息载体，新媒体就是具备信息时代对于信息传播要求价值的信息承载形态。它必须有一定的受众，能够准确把握信息传递的时间，有比较充分的传递条件，能够适应用户的信息需求和心理反应。同时，它们自身也必须在承载相关信息价值的同时，要能够给自己带来经济效益。如果媒体的运行成本远高于商业效益，亦不能形成媒体的有效价值。

2. 原创性

新媒体之所以被冠之以一个“新”字，主要是要突出其具备的原创性：

既是指技术上的原创性，又是指内容和形态上的原创性。它意味着在这种媒体格局下，参与主体的平等性，信息内容的普适性，传输通道的流畅性，接收信息的自由选择性，意见反馈的及时性和有效性，而不是对传统媒体内容的机械模仿和表达方式上的某种变更。

3. 效应

效应是在一定环境下，多种因素相互作用而形成的一种因果关系，可以称为关注度、影响力、公信力。新媒体必须具备形成特定效应的能力，必须具备影响特定时间、特定区域、特定对象的视觉或听觉反应的因素，从而导致产生相应的结果。

4. 生命力

新媒体必须有一定的生命力，形成并延续自己固有的生命周期。近年来，新媒体发展日新月异，各种创意层出不穷，但真正具有生命力的新媒体却并不多见，许多概念的提出没有周密的市场调查，没有准确的市场定位，仅凭“满腔热情”或“良好愿望”，所以一些自以为是的创意尚未被市场接受，即已折戟沉沙、销声匿迹。究其原因，就在于它们没有把握住新媒体的核心价值要求，盲目生搬硬套，自然免不了昙花一现的命运。

（三）新媒体的优势

与传统媒体相比，新媒体有着诸多的优点，接下来以手机报为例进行介绍。

1. 信息传播时效性强

传统媒体用户必须在特定时间和空间上通过纸质媒体和电子媒体接受新闻信息，而以手机报为代表的新媒体使用起来比报纸、电视要便捷许多。

在我国国内任何地方都能接收到手机报。所以，在面对突发性新闻事件的时候，手机报具有其强大的即时发布能力。它可以实现事件的动态传播，并且实时跟进，使受众有身临其境的感受。手机报凭借着独特的快速传播优势，抢先发布新闻资讯，用最新鲜、最热门的信息吸引受众的注意力。手机报可以保存在手机里，用户可以选择即时收看还是推迟再看，即使手机关机了，但是再开机时，手机报还是会推送到用户的手机中。现代社会快节奏的生活将我们的时间切割成一小块一小块的，手机报正是满足了碎片化社会人们对于信息快餐化消费的需求，便于用户把等人、候车、乘车等零散的时间利用起来。

2. 与用户的互动性强

手机报还提高了新闻信息与受众之间的互动性，实现了信息传播流程的效果反馈。传统媒体的问题之一就是不能够与受众进行即时有效的互动，从而影响了传播效果。手机报的编读互动可以带动读者订阅数和反馈率的提升，也可以为手机报提供新闻线索、培养新闻评论员、增加新闻观点。手机报的用户可以通过手机短信、视频和照片等方式参与互动。

3. 个性化定制服务

传统报纸属于大众媒体，要面对的是“尽可能多”的大众化的读者，其传播的方式是“一对多”，往往在内容上是以量取胜。而手机报等新媒体由于个性化要求，提供的是“一对一”的服务，这样可以做到个性化的分类订阅。受众可以根据自己的需要，通过发送短信或登录相关网站，订阅不同类型的信息。而一些在普通纸质媒体上不能成为要闻和重点的新闻，通过手机报发布不但成为要闻，有时候甚至成了头条。

4. 表现形式丰富多样

手机报是以数据包的形式发给用户的。这个数据包包括了图片、文字、声音、动画等元素，信息容量较大。这样，用户可通过多种形式更深刻地理解新闻，全方位感受多媒体信息传播方式，既调动了受众的视听感官，又实现了新闻的多维阅读。受众阅读这样的“多维新闻”要比单纯地看纸质新闻生动、有趣得多。视觉与听觉的结合，使人们对于这样的新闻显得充满兴趣和热情。

新媒体既拥有人际媒体和大众媒体的优点——完全个性化的信息可以同时送达至无数的人，每个参与者，不论是出版者、传播者还是消费者，对内容拥有对等的和相互的控制；又免除了人际媒体和大众媒体的缺点——当传播者想同每个信息接收者个性化地交流独特的信息时，不再受一次只能针对一人的限制；当传播者想与大众同时交流时，则可以针对每个信息接收者提供个性化内容。同时，新媒体完全依赖于技术，而这不是人类先天自然拥有的技能，没有数字化等技术，新媒体完全不可能存在。

二、新媒体环境下的图书馆阅读推广

（一）图书馆门户网站阅读推广

1. 图书馆门户网站概念

门户网站是指通向某类综合性互联网信息资源并提供有关信息服务的应用系统。门户网站最初提供搜索服务、目录服务，后来由于市场竞争日益激烈，门户网站不得不快速地拓展各种新的业务类型，希望通过门类众多的业务来吸引和留住互联网用户，以至于目前门户网站的业务包罗万象，成为网络世界的“百货商场”或“网络超市”。从现在的情况来看，门户网站主要提供新闻、搜索引擎、网络接入、聊天室、免费邮箱、影音资讯、电子商务、网络社区、网络游戏、免费网页空间等。

图书馆门户网站就是图书馆通过与互联网联结，向读者提供信息服务、交流沟通的平台系统。图书馆网站的内容十分丰富，从物理馆到虚拟馆，从资源到服务，无所不包。最主要的，图书馆门户网站还通过与读者的实时互动，建立密切、恒久、互利的联络。

2. 利用门户网站开展阅读推广的意义

（1）全面实时地介绍图书馆。在网络发达又普及的今天，门户网站是宣传图书馆的最佳途径，它的最大特点是实时性。也就是说，图书馆工作内容和事件可以在第一时间发布于网站上，读者也可以随时地在任何地方登录图书馆网站，了解图书馆动态。

（2）长期有效地保持互动。图书馆需要保持它的互动性，通过设置一些栏目或者平台，让馆员与读者能够充分地进行交流和沟通。图书馆对读者的一些要求和建议可以传达；读者对图书馆的建议和要求可以发表。图书馆要建立跟踪处置和及时反馈机制，让读者的问题尽快得到解决、读者的需求尽快得到满足，这样，才能为图书馆聚拢更多的人气，促进图书馆的良好发展。

（3）帮助读者解决借阅中的问题与困惑。图书馆网站更应该成为阅读交流的一个平台，读者在这里可以就急需的文献资源进行征集，对阅读中出现的问题和困惑进行咨询。可以是馆员与读者之间的互动问答，也可以是读者之间的互动问答。这种多元互动平台，能产生巨大效应。

（4）提升图书馆服务能力与水平。门户网站是一个开放性的网站，图书馆在网站制作和维护过程中，会不断提高自身的业务水平，也会在读者的帮助下完善相关的制度和措施，改进工作，提升服务水平和能力。

3. 利用门户网站开展阅读推广的内容

（1）馆情介绍。对图书馆的发展历史可以进行全面、形象、具体的回顾，以激发馆员的荣誉感和读者的敬仰之意；对图书馆现状进行充分、客观、完整的介绍，让读者知晓图书馆的结构、功能、设备、业务范围等，起到入馆导航作用；对图书馆的馆藏状况、开放安排、借阅要求做准确介绍，让读者能顺利、规范地借阅图书，提高到馆率和借阅率。

（2）文献推介。开辟文献推介专栏，重点推介特色馆藏、畅销图书和重要典籍。网站上的推介可以是滚动式的，也可以是专题性的。最大的优势是可以将所推介图书的图片、片段、作者背景、读者书评、社会反响等表现出来，让读者能更准确地选择、更好地阅读。

（3）方法指导。阅读指导也是图书馆通过网站开展的重要阅读活动。可以是宏观上的方法，也可以具体到某种类型的图书或是某一种图书的阅读方法；可以是专题指导，也可以进行系列指导；可以是普遍意义的导读，也可以针对不同的读者群进行指导。

（4）阅读交流。为读者架设交流的桥梁，建立微博、论坛、空间等平台，让读者自由发表读后感想，也可以开设专题网络论坛，并与读者的手机等移动设备同步，实时互动。

（5）服务沟通。尽可能将图书馆已开展的业务上网，或者详细介绍业务功能、实施方法；或者开设网络服务功能，如网上预约、网上催还，还有数字图书馆的漫游服务等。

（二）图书馆电子期刊阅读推广

1. 图书馆电子期刊

图书馆有办报办刊的传统，纸质报刊曾在图书馆阅读推广中发挥过重要作用。随着信息技术的发展，图书馆纸质期刊已经逐渐失去了它的优势，于是，电子期刊应运而生。图书馆期刊以阅读推广为目的，努力让读者多读书、读好书。相比纸质期刊，电子期刊的成本低、易发行、便捷快速。

2. 电子期刊的作用

（1）搭建交流平台。电子期刊主要是为读者和作者搭建交流平台。通过馆员的编辑工作，为读者喜爱的图书开辟专栏，选登精彩片段或链接全文，让作者介绍创作经历，让读者畅谈阅读感言。

（2）导引阅读方向。相比网站的广泛宣传、互动平台的自由交流，电子期刊在编辑的组织下呈现出主题的统一性、内容的整合性、表达的集中性和语言的规范性等特点。尤其是思想启发和方法引导上，具有正确性和科学性。因此，电子期刊可以引导读者选择正确的阅读取向与科学的阅读方法。

（3）提高阅读质量。有了正确的思想与情感定位，有了科学而严谨的方法，读者的自由阅读也能有质量保证。电子期刊引导的阅读，有大众化“浅”阅读，更多的是专业性、艺术性的“深”阅读。“深”阅读对提高国民的阅读水平和品位具有重大意义。

（4）扩大阅读群体。图书馆电子期刊是便捷的，每一个用户都可以无偿(非付费)获得。对读者而言，通过电子期刊了解更多所读图书的内容，能够增加阅读兴趣，也扩充了阅读内容。这样，能吸引更多的读者参与阅读和讨论交流，阅读的群体效应自然形成并逐渐放大。

三、新媒体环境下阅读推广的途径

（一）坚持阅读推广活动传播途径的创新性

新媒体阅读时代到来，人们阅读方式发生了改变，数字阅读开始广泛流行，网络技术的普及为图书馆服务和业务的发展带来了新的挑战，现在许多图书馆在传统阅读的基础上，充分利用先进的传媒技术与手段，坚持推广活动主题、内容与传播路径的创新性，利用网络平台开展新媒体阅读推广，新增了移动图书馆、微博、微信、网上阅读等新媒体传播途径，通过手机、网络、电子读报系统、真人图书馆等形式，实现网上、网下相结合，方便读者参与互动。

（二）新媒体与传统阅读推广相结合

新媒体为图书馆阅读推广提供了更加丰富的手段和途径，将新媒体技术与传统阅读推广方式相结合，能产生更好的效果。

（三）开展新媒体时代个性化特色推广

当今许多读者尤其是大学生读者，成长于互联网的数字化时代，很容易接受新媒体事物。在新媒体时代，高校图书馆要有针对性地围绕大学生阅读兴趣与方式来开展特色推广。

1. 在图书馆网站上建立阅读推广主页

在图书馆网站建立阅读推广网页，增加《电子期刊》《新书推荐》《新书导读》《书评数据库》等阅读推广栏目，为读者的阅读提供专业指导，读者可以定制自己感兴趣的话题和最新信息，通过文字、图片、音频、视频等多种方式，在阅读中进行评论、分享，与他人互动交流，实现互动式阅读。

2. 加强移动图书馆建设

图书馆应加强移动图书馆的建设，合理利用手机这一工具进行新媒体阅读推广，为读者提供更为高效的服务和更为丰富的文献资源。读者使用移动图书馆可以非常方便地查找和获取电子图书、期刊论文、学位论文等数字文献资源，还可以利用移动图书馆进行图书续借、交超期款等业务。

3. 加强新媒体平台利用

微博和微信也应作为图书馆在新媒体阅读推广策略上的一种尝试，微博和微信因其自主性、互动性、即时性、移动性的特点受到大学生的青睐；通过建立自己的微博和微信公众平台，拉近读者和图书馆之间的距离，开展个性化的特色推广能吸引学生由被动阅读走向主动阅读。

第六章 高校图书馆阅读推广与活动评价

随着新媒体技术的高速发展，阅读推广模式日益繁多，高校图书馆在追求阅读推广内容与主题深化的同时，都开始注重阅读推广形式的优化与创新。面对新媒体视角下层出不穷的阅读推广模式，由于缺乏科学有效的评价体系，因而导致无法判断以用户需求为中心开展“精准化阅读”服务的预期效果。本章重点论述图书馆联合开展阅读推广活动的可行性、高校图书馆推广主客体的作用与基本保障、高校图书馆阅读推广活动策略、高校图书馆阅读推广活动的策划以及高校阅读推广活动评价。

第一节 开展阅读推广活动的可行性分析

一、高校图书馆与公共图书馆阅读推广发展的共同点

（一）活动系列化、品牌化

高校图书馆越来越重视通过举办“世界读书日”系列活动开展阅读推广服务，丰富校园书香文化。各高校的读书日活动通常围绕特定的主题开展，或为特色标语性主题，或以读书月、阅读周为主题，或直接使用“世界读书日”为主题。各馆围绕主题开展系列化的活动，并逐渐形成自己的品牌。例如，北京师范大学图书馆已连续开展了多次世界读书日活动，并创立了以“品味经典 · 沐浴书香”为主题的读书日活动品牌。

公共图书馆的阅读推广活动主题明确，很多活动都与社会实际联系密切，与人们的生活息息相关。如公共馆面向少年儿童开展阅读活动，面向普通读者开展讲座与新技术应用培训，面向弱势群体提供知识援助服务，等等。阅读推广活动是公共图书馆的常规服务，经过多年的实践发展，有些活动已经创出了品牌，如“国图文津图书奖”评选活动已成为读者广泛参与的公益性图书评奖活动，营造了读者读好书的良好社会氛围。“上图讲座”自开办以来，面向社会举办各类讲座已近千场，形成了极大的品牌效应。

（二）活动内容丰富、形式多样

高校图书馆阅读推广活动的主要形式有讲座、展览、评选、换赠书和漂流、竞赛、荐书、服务宣传以及体验、座谈与沙龙等。各馆普遍开展综合上述各种类型的系列阅读活动，吸引师生参与，形成了许多非常具有创意的活动。如北京大学举办的“知书·知脸·也知心”阅读摄影展（简称“书脸”阅读摄影展），利用“图”的视觉冲击效果，通过人书嫁接的摄影方式，营造妙趣横生的视觉效果，向读者推荐精品好书。

公共图书馆的常规性阅读推广活动形式主要有主题活动、讲座、读者培训、展览、推广资源、视频展播、新增服务宣传、征文等；延伸服务类阅读推广活动的形式主要有为弱势群体服务、三大数字文化惠民工程、深层服务及流通站服务等。不少公共图书馆比较关注面向弱势群体的阅读推广服务。

（三）活动宣传全媒体化

随着新媒体的广泛应用，各高校图书馆在近年的世界读书日活动的宣传中普遍采用了全媒体的手段，加大对活动的宣传力度。各馆除了利用传统纸质媒介进行宣传外，更根据青年学生的特点，广泛应用新媒体开展宣传。

公共图书馆在阅读推广活动宣传中，除与电视、报纸、刊物等媒体合作外，也利用微博、微信、短信等媒介向会员发布预告和宣传。全媒体宣传方式的应用，促进了图书馆与读者间的互动，增加了读者对阅读推广活动的关注度和支持度，提升了阅读活动的效果。

二、高校图书馆与公共图书馆阅读推广合作的前景

（一）组织机制保障方面

目前，阅读推广工作已经成为公共图书馆的常规业务和主流服务，在公共图书馆内，阅读推广已经没有明显的部门界限，图书馆内从事阅读推广的部门大幅扩容，成为各个部门都要参加的业务工作。例如，借阅部门、展览部门、培训部门、宣传推广部门、参考咨询部门、少儿服务部门，甚至古籍部门都有阅读推广的职责和任务。

尽管各高校图书馆重视阅读推广工作，但明确将阅读推广作为常规读者工作的一部分或设置专人专岗的高校图书馆却寥寥无几。大部分高校图书馆阅读推广活动的组织、策划与实施仍主要依托借阅部门，为辅助文献借阅而开展新书推荐、图书展览等阅读推广工作。阅读推广的单一部门职责，使得阅读推广的创新和深化受到影响。也有少数图书馆开始组织馆内临时跨部门的团队开展阅读推广活动，这种组织方式，在人力和精力投入上受到局限，也增加了工作协调成本，更影响阅读推广工作的可持续发展。因此，高校图书馆需要吸取公共图书馆的阅读推广机构设置经验，设置专业阅读推广服务部门或团队，或明确将阅读推广作为图书馆的主流服务，明确各部门阅读推广的职责和分工。

（二）统筹规划方面

大多数公共图书馆会制订阅读推广活动的全年计划，通过持续开展的阅读推广活动逐渐积淀，以更好地营造书香社会。

高校图书馆的阅读推广活动大多集中在“世界读书日”前后，或以“阅读节”形式持续一周、一个月或两个月，有的高校甚至几年开展一次，阅读推广工作缺乏连续性，这种阶段性的阅读推广工作会使阅读推广的效果大打折扣。尽管近年来不少高校图书馆应用新媒体微信平台持续开展“微书展”活动，但较少有高校图书馆对阅读推广活动进行年度计划和实施。这是高校图书馆未将阅读推广工作作为图书馆常规性工作的体现，高校图书馆应借鉴公共图书馆全年化的阅读推广统筹规划经验开展活动。

（三）内容与形式创新方面

高校图书馆与公共图书馆共同面临着阅读推广内容和形式难以创新的困境，尽管二者阅读推广工作的形式比较多样，但以讲座、展览、荐书、征文类活动居多，且活动主题雷同，公共图书馆和高校图书馆之间的阅读推广活动相似度很高，缺乏地方特色或学校特色。此外，阅读活动年年办，年年要创新，这是阅读推广馆员所面临的最大难题。

高校图书馆如能主动把阅读推广工作走出校园，或吸引社会公众走入高校图书馆，将有助于打破高校图书馆空间的局限性，从而充分发挥高校图书馆的社会文化服务职能；同时，社会化的阅读指导活动将大大拓展高校图书馆创新服务的方式和流程。高校图书馆可以通过设立“开放日”“毕业生服务”等活动，通过高校图书馆为媒介和组织，邀请校内教育专家、专业馆员、优秀大学生走出校园，开展讲座及阅读辅导活动，与社会公众分享阅读经验。公共图书馆则可以借助高校的科技、文化、教育、资源、人才等优势资源，深化面向公众的阅读活动。例如，借助学校志愿者服务团队，为社区居民提供科普与科技信息、健康咨询等方面的指导服务。

（四）专业人才培养方面

目前，无论是公共图书馆还是高校图书馆在阅读推广实践中普遍缺少专业人才，这在很大程度上影响了阅读推广工作的创新与推进。阅读推广工作需要具有较强综合能力的人才，这里将从事阅读推广工作的馆员称为“阅读馆员”。阅读馆员需要对本馆资源，特别是特色资源与学科资源非常熟悉，熟练应用相关技术，具备较高的专业素养；阅读馆员需要具备较强的活动策划、组织与实施能力；公共图书馆阅读馆员需要了解公众的心理、阅读与行为特点，高校图书馆阅读馆员需要关注学生的生活、学业、理想与追求；阅读馆员自身也要具备较高的阅读素养与文化素养。在阅读推广实践中，高校图书馆与公共图书馆通过交流、培训、合作共同培养阅读推广的“种子”，这无疑是当前最有效的阅读推广人才培养方式。

三、高校图书馆与公共图书馆阅读推广工作的合作方式

（一）重建理念和认识

高校图书馆与公共图书馆都肩负着阅读推广的使命，在阅读推广实践中各自积累了丰富的经验，同时有着广泛的合作基础，但在实践层面的深入合作却并不多见，这主要是由于公共图书馆和高校图书馆因服务对象不同而没有合作需求的认识偏差造成的。

公共图书馆阅读推广的重点对象是少年儿童、成年人、老年人及其他

社会弱势群体，高校图书馆旨在通过阅读推广活动引导青年学生建立阅读兴趣、养成阅读习惯、培养积极的世界观和人生观等，二者的服务对象、服务目标、服务方式均不同。事实上，高校图书馆的阅读推广对象与公共图书馆的阅读推广对象并非完全脱离，高校图书馆的阅读推广对象本就是来源于社会的读者，最终也将转化为社会读者。此外，阅读社会的形成是一个长期积淀的过程，并非高校图书馆或公共图书馆可以独立实现的。因此，高校图书馆与公共图书馆的阅读推广服务对象虽不同，却更应该在营造阅读社会的责任与使命之下开展广泛而深入的合作。

（二）在组织和机制方面提供保证

1. 基于区域图书馆联盟开展阅读推广合作

目前，图书馆联盟已被实践证明是促进图书馆之间合作、实现区域文献信息资源共享的最有活力、最具可行性的方式，业界更在积极探索区域图书馆联盟协同服务模式，这对促进区域图书馆联盟的可持续发展具有深远而现实的意义。此外，高校图书馆与公共图书馆的阅读推广服务，可以借助区域图书馆联盟完善的组织模式、成熟的管理模式、丰富的资源体系以及灵活的协作方式展开深入的合作。例如，高校图书馆可与所在区域联盟的省市图书馆、社区图书馆、儿童图书馆等建立阅读推广专项服务合作。

2. 高校图书馆设立阅读推广常设部门

为保证阅读推广工作的规范化、科学化和可持续发展，高校图书馆有必要设置专门的阅读推广部门、设置专人专岗并持续提供活动经费支持，统筹规划本馆的阅读推广工作。同时，为保证合作阅读推广活动有效，可与公共图书馆组建阅读推广工作组，合作策划、组织、宣传内容和形式更为丰富的阅读推广活动。

（三）积极运用新技术平台与手段

应用新信息技术开展阅读推广服务，创新服务手段、提升服务能力、增强推广效果。

1.联合建立与读者互动的阅读推广平台

通过平台，整合和挖掘高校图书馆与公共图书馆的海量纸质和数字阅读资源；通过平台，扩大高校图书馆与公共图书馆的阅读推广服务对象，在平台上公布各种专家讲坛、社会展览、阅读活动等信息；通过平台，开展信息技术应用及信息素养远程培训服务；通过平台，开展移动阅读推广新服务，让阅读更加便捷。

2.联合开展新媒体宣传

新媒体时代背景下，微信、微博、微阅读、微书评等微媒介新范式理念和信息交流方式越来越受读者的关注和使用，图书馆也在越来越多地通过微媒体提供人性化、个性化的数字阅读推广服务，使数字阅读体验更贴近读者需求。高校图书馆与公共图书馆可以联合建立各类主题的阅读群、阅读论坛等，发布和宣传阅读活动，交流和讨论阅读心得。

3.建立阅读馆员交流平台

高校图书馆和公共图书馆的阅读馆员可以通过平台联合开展阅读推广创意设计、工作经验交流、在线书评与沙龙等交流，为阅读馆员提供成长和提升的沃土。

（四）合作研究阅读推广可持续发展理论

当前，中国阅读推广研究与阅读推广实践较为薄弱，高校图书馆与公共图书馆在阅读推广的形式和内容上难以突破的原因主要有：对各类读者，特别是特殊群体读者的阅读现状和需求未能准确了解和把握；对阅读推广工作缺乏科学规划和规范实施的依据；对阅读推广的效果缺乏科学和有效的评估；缺少阅读推广专业理论研究和实践人才。高校图书馆与公共图书馆联合开展阅读推广发展研究，会推动阅读推广工作向更加科学和规范的方向发展；对高校图书馆与公共图书馆的合作协调机制进行研究，也会推动阅读推广的可持续发展，进而推动阅读社会的建立。

第二节　推广主客体的作用与基本保障

阅读推广的基本准备，需要从阅读推广的主体、客体、对象三方面及其关系上进行剖析设计。高校开展阅读推广的主要主体是高校图书馆，学校其他能参加开展阅读推广的相关部门都可以成为辅助主体；客体是以图书为中心，不限载体的全部阅读资源；主要对象为本校读者。阅读推广工作中三者的关系可简单表述为主体促进客体和对象发生联系。所以，图书馆需要根据自身的能力和优势，通过从阅读资源和高校读者角度的深入分析来设计阅读推广途径，这是理清阅读推广思路的必然选择。

一、阅读推广主体的作用

阅读推广活动需要一个强有力的推广组织机构来策划和组织各项活动。学校相关部门是高校阅读推广活动的领导机构，图书馆是当仁不让的阅读推广活动的直接组织者和实施者，学校社团和志愿者组织是重要的参与者。三者合作开展阅读推广工作，既能把握工作的主动性，又能节省图书馆的人力资源，充分调动读者参与的积极性，保证高校图书馆开展的阅读推广工作具有一定的有效性和持续性。其中，高校图书馆作为阅读推广的主体，是整个学校阅读推广工作的关键。下面从几方面论述图书馆应当如何在阅读推广工作中起到应有的作用。

（一）建设良好的馆舍环境和阅读环境

阅读环境对读者的阅读能产生极大的影响。良好的阅读环境，可以让读者有家的感觉，使读者对阅读产生浓厚的兴趣，由心而发地想要在图书馆这个舒适、惬意的环境里阅读。而图书馆里浓厚、愉悦的阅读氛围，会让更多的人对阅读产生兴趣，这也是图书馆所要营造的环境目标。图书馆良好的设计和布置会使读者生出遨游书海的欲望，使图书馆成为人人向往的美好天地。

经典阅读需要人沉下心来，细细品味，反复揣摩，感受经典魅力。因此，高校图书馆应该注重图书馆环境和文化的建设，通过阅读共享空间、经典阅读室等的设立，聚集图书馆馆藏经典著作，激发读者阅读经典的兴趣。同时，图书馆应建立阅读交流栏，以便学生交流读书体会，营造浓厚的读书氛围，使读者在优雅舒适的环境中休闲和自由地交流，从而获得传统阅读的快乐。

馆舍环境一定要宽敞、明净，馆内陈设可以摆放古色古香的书桌椅，宽大的书桌上放一盏古典台灯，馆内适当地点缀一些人文景观，悬挂名家字画；图书馆的一隅可添置小桥流水盆景，整个图书馆内适当地栽种藤蔓植物、鲜花美化环境，将精心挑选的经典书籍随意地摆放在人们触手可及的地方。在这样一个弥漫着浓浓书香的环境里，大学生耳濡目染，浓厚的阅读意识被激发，愿意徜徉其中，静坐下来，阅读经典，体悟跨越时空的心灵交融。

中国及国际上的类似实践包括：深圳图书馆创设了“南书房”服务区，倡导经典阅读；深圳市南山区建有经典阅读室；郑州大学图书馆建设了“经典阅读素质教育”阅览室；英国牛津大学图书馆、美国芝加哥大学图书馆都设有专门的经典文献阅览室，并有固定的开放时间。

（二）制定馆藏发展策略

馆藏资源是图书馆的立馆之本，也是开展阅读推广活动的基本条件，没有资源，阅读推广就成了无源之水、无本之木。图书馆要结合自身的特点及其所面对的读者的阅读倾向，建立合理的文献资源配置体系，保证其藏书能够充分地满足读者的阅读需求。因此，图书馆不仅要拥有资源，还要拥有优质的资源。制定完善的馆藏发展策略，是图书馆资源建设的重要一环，也是图书馆阅读推广工作的基础。

馆藏发展策略保证了馆藏发展的连续性和一致性，按照学校发展实际和发展目标，在保障重点学科文献资源建设的同时，应当更加全面地收藏所有学科的文献资源，确保文献资源与学校学科建设同步甚至超前发展，将图书馆建设成能满足教学需要的本科生图书馆和能满足科研需要的研究型图书馆。

各高校图书馆应尽快建立起详细、主题鲜明的馆藏发展策略，为推动阅读制订良性发展计划，给予读者阅读以坚定、持续的支持和引导。无论是为满足教学和科研需要，还是为促进阅读，高校图书馆都应该实行按需采购的制度，将书商的新书目录、学科馆员的反馈、读者荐购书目和书评等作为重要的选书依据。在经费允许的前提下，明确采购要着重关注图书的质量，购买系统、有价值的书籍，满足读者的阅读需要。

此外，由于各个图书馆自身所处位置不同，其办馆条件也不相同，其购书经费也多寡不均，但无论多寡，图书馆都要有效地利用购书经费，购置可以充分满足读者需求的书刊，使书尽其用，充分发挥每本书刊的价值。同时，图书馆还应将数字资源建设放在图书馆发展的突出位置，重点对待。网络数字阅读所带来的丰富的阅读内容、便捷的获取方式、开放的阅读环境、互动的阅读过程以及直接感官冲击的阅读效果是传统的纸质阅读无法比拟的，因此深受广大读者的青睐，成为获取知识的新途径。因此，高校图书馆必须加强数字化资源建设，顺应读者的数字化阅读需求，加大对电子阅览室、多媒体室等处网络设施的投入，购买电子资源，各类数据库、电子书刊等，加强对各种资源的整合、采集、整理，将相关资源馆藏化、数字化，建立自己的特色资源数据库。加大对数字资源的建设与开发的投入，从而更好地为读者提供更广泛、更快捷的文献资源。同时，图书馆还要通过网络平台，实现对网络信息资源的整合、开发及共建共享，为读者提供更加全面综合、更加容易利用的文献资源。

总之，高校图书馆要加强资源建设整合，构筑多元化阅读平台，使各种文献形式和载体资源协同发展，建设结构合理、重点突出、特色明显的优质文献资源体系。这是对高校图书馆开展阅读推广活动最有力的支持。

（三）规范图书借阅制度

俗话说，没有规矩，不成方圆。图书馆的规章制度是图书馆实践的总结与概括，反映图书馆发展的客观规律，是图书馆馆员及读者的行动准则。它是合理组织图书馆工作，充分发挥图书馆职能的保证，也是图书馆实现科学管理的依据与准绳，是正确处理图书馆内部各种关系、发挥图书馆全体人员的积极性与创造性、提高服务质量和保证图书馆正常运行的手段。

图书馆针对读者服务一般都会有相应的制度。借阅制度、续借制度、预约制度、召回制度、馆际互借制度、超期惩罚制度以及豁免制度等可构成一个完整的借阅体系，它的合理、有序、健康运转，能够保障读者阅读需求顺利实现和阅读行为顺利完成。要贯彻“以读者为中心”的服务理念，首先应该从读者制度的人性化方面体现出来，只有从制度上体现，才能更持久、深入，更具操作性。

目前，中国高校主要的规章制度都有其共通之处，因此，图书馆有必要建立体例一致、形式规范、内容健全、语言标准的制度体系，各高校图书馆再根据各自的特点加以完善。特别需要指出的是，目前图书馆针对读者的有关借阅制度普遍存在的通病就是语言过分强势、生硬，这样多多少少会伤害读者的阅读热情。读者到图书馆本身就是一种值得尊重和鼓励的行为，对于可能出现的不规范行为，也应该注意措辞和语气。因此，图书馆的借阅制度必须与时俱进，跟上时代发展的步伐，充分利用自身优势，考虑读者借阅的便利性，制定更加人性化的借阅制度，提高服务质量，发挥图书馆服务读者，服务教学、科研的作用，才能真正使图书馆的教育、信息服务和学术研究职能得到充分发挥。

（四）加强阅读推广的宣传

宣传工作是高校图书馆的一扇窗口，是阅读推广过程中的必然手段。宣传工作是指对高校图书馆及其提供的产品及服务的介绍，是现代高校图书馆工作的重要组成部分。高校图书馆开展宣传工作，一是可提高文献资源的利用率。宣传作为一种传递信息资源的方法和手段，可揭示图书馆的馆藏资源和网络资源，加深读者对信息资源的认识，使读者进一步了解图书馆的职能、作用、服务项目、规章制度等，进而激发其利用图书馆的热情。二是可促进图书馆的发展。通过宣传图书馆，展示图书馆人默默无闻、无私奉献的崇高职业形象，唤起社会对图书馆重要性的认识，赢得公众对图书馆人的尊重，增强图书馆人的自豪感和工作热情，使图书馆的发展获得强大的内在动力。

目前，高校图书馆通常使用的媒介可分为传统媒介、多媒体和社交媒介。传统媒介包括横幅标语、海报、展览等；多媒体有电子显示屏、报纸、电视、网站等；社交媒介有社交网站、微博、微信等。无论是传统媒介还是社会化媒体，高校图书馆都应根据自身需求结合自身的技术和管理水平选择几种或多种推广手段，将推广范围最大化。宣传要注意传递信息的新颖性、准确性和易用性。宣传还要有一定的计划性，在不同的时期，确定相应的主题，围绕主题开展各种宣传工作，用心营造友好氛围和创新服务，从而受信于读者，形成良性循环。

图书馆还可以吸收大学生参与图书馆宣传工作。在校大学生是高校图书馆的主要读者群体，可以起到很好的宣传效果。大学生之间彼此了解，相互沟通，学校有什么新闻，大学生都会互相转告。高校图书馆吸收在校大学生参与图书馆宣传工作，可以吸收社团成员参与为主，如读书协会社团、校学生会等。图书馆宣传工作者首先从社团、学生代表那里获取读者所需信息，同时有针对性地宣传图书馆信息，其次利用学生间的“口碑”进行宣传。这样往往能达到一个较好的宣传效果。

高校图书馆可以充分利用图书馆的宣传周、全校读书月等大型活动，利用校园网站、广播、墙报、简报、横幅实时宣传报道，编印下发各类资料汇编，采用多样的形式大力宣传阅读的价值，让大学生真正了解阅读的意义、阅读的方法以及读什么、怎样读；披露最新的阅读动态、发展趋势；介绍阅读指导和阅读研究性著作；通报中外最新的学术性出版物；

介绍或剖析中外经典著作等。在读书活动期间，采用不同的有特色的主题密集宣传，平时有计划地定期宣传，采用多种形式，给学生留下深刻印象，使阅读深入人心，使建设书香校园的思想无处不在、无人不知。

在这不断变化的形势和社会环境下，图书馆宣传工作应以提高服务水平和创新服务项目及方式为目标，应以向读者推广图书馆服务、满足读者需求为任务。宣传工作是图书馆长远发展中不可或缺的一项工作，尽管一部分高校图书馆受到经济、人力等方面因素的影响，宣传工作不尽如人意，但仍应克服困难，根据自身情况，尽可能地做好宣传工作，更好地为读者服务，努力提高图书馆在读者心中的地位。

（五）建立一支稳定的阅读服务团队

建立专门的阅读推广机构并组建稳定的服务队伍是实施阅读推广的保证。阅读推广队伍的不稳定会影响阅读推广项目的质量和连续性。如今，阅读推广工作已成为图书馆的一项重要工作，大多数高校图书馆都有专门的阅读推广人员，有些图书馆还成立了专门的宣传推广部门。阅读推广人员应该具备以下几点基本素质。

1. 具有良好的职业品质

职业品质是从业者对自己所从事职业的内涵和价值的判断与认可程度，以及在这种价值判断指引下所采取的职业态度。良好的职业品质既源于自身良好的社会公德修养，即为社会奉献的精神和对待他人的良善品格，也源于扎实的职业训练和深厚的个人职业意识和职业修养。良好的职业品质是图书馆阅读推广人开展好业务工作的基础。

2. 熟知图书馆资源及新技术

图书馆馆员、高校图书馆阅读推广人应熟知图书馆馆藏文献资源类型、内容及馆藏位置，方便随时引导读者获取文献资源；熟知数字资源、虚拟资源及利用方法，随时指导读者检索和利用数字资源；熟悉计算机技术及多媒体技术，及时通过新技术向读者推送服务。

3. 具备图书馆学基础知识和管理学知识

阅读推广人应掌握图书馆学基本知识，包括：图书馆的要素，图书馆的组织、工作内容和工作方法，图书分类体系，尤其熟知中国图书分类。掌握管理学知识是指了解管理学中基本理论的主要内容，能灵活运用所掌握的管理学中的基本理论和原则，分析、解决管理实际问题，做到管理好读者、管理好资源、管理好服务团队。

此外，阅读推广人员还应具备以下能力。

1. 策划、组织及评估能力

高校图书馆阅读推广人必须具有较好的活动策划、组织及评估能力。策划能力应包括阅读推广主题的拟定、阅读推广项目的设计、工作任务的分配、阅读推广进度计划的制订以及阅读推广方案的撰写、阅读推广经费预算的制定、阅读推广活动的选址和活动的布置。组织能力表现为顺利完成接待任务、后勤保障任务、联谊任务，做好阅读推广现场服务与管理。评估能力体现为阅读推广活动结束后能及时对活动效果进行评估。从读者满意度和阅读效果出发，对评价低的策划活动及时进行调整，让评价高的策划活动持续开展下去。

2. 较强的公关能力

公关能力是指有目的、有计划地为改善或维持某种公共关系状态而进行实践活动的能力。高校图书馆阅读推广人的公关能力表现在建设书香校园活动中的介入能力、适应能力、控制能力及协调能力等。高校图书馆阅读推广人跟读者、各部门打交道，要把握交往的技巧、艺术、原则，了解读者的行为特点，要与各种类型和特点的读者友好交往。

3. 撰写书评和推荐书目的能力

高校图书馆阅读推广人需具备撰写书评的能力。撰写书评是高校图书馆阅读推广人应尽的职责，是深化读者服务的需要，是爱岗敬业的表现。书评要尽力做到从政治观点、思想内容、科学水平、审美价值以及理论和实践意义等各方面对图书进行分析、评论和介绍，使读者通过阅读书评就能够快速知晓图书的主题。

另外，高校图书馆阅读推广人应为读者推荐好书，推荐书目不能简单照搬出版机构的畅销书目、其他单位或者高校的推荐书目。推荐书目必须符合自身院校特点，从本校读者实际情况出发。推荐书目必须遵循一定的标准，应具有正能量，如合理推荐经典文学、优秀人物传记等。

因此，一个理想的图书馆，不仅仅是一个资源存储机构，它还应指导读者读什么及怎么读。高校图书馆应该设立专门的阅读推广岗位，有条件的图书馆可以建立阅读推广工作部门，负责开展高校图书馆推广的各项工作，包括读者需求调查、本馆现状分析以及需要解决的问题等，提出开展阅读推广活动的措施建议。阅读推广部门的建立是高校图书馆阅读推广的组织保障，有利于图书馆活动的策划、实施，使高校图书馆阅读推广活动内容更加专业、步骤更加精细、管理人员主人翁意识更强。

二、阅读推广客体的作用

高校图书馆阅读推广的主要对象是师生读者。高校图书馆需要对不同目标对象的阅读推广行为进行研究，针对不同的读者制定和设计不同的阅读推广项目。新生对图书馆不了解，阅读目的不明确，喜欢通过新书推荐来找寻喜爱的图书；高年级学生具有一定的阅读能力和意愿，阅读能力强，通过信息检索课程的学习，信息检索能力有所提高，图书馆与学生社团共同举办的名师讲座、主题活动等对他们的吸引力比较强，他们参与的积极性比较高；教师文化层次比较高，到图书馆主要是为了获取专业的文献和服务，通常不会主动参与主题类的阅读推广活动，但对深层次的课题服务、学科服务比较感兴趣。因此，以大学生为主体的读者是阅读推广的客体，识别大学生读者的潜在阅读需求和阅读特点，积极与大学生社团合作进行阅读推广，是做好高校图书馆阅读推广工作的必要前提。

（一）寻找大学生读者的潜在阅读需求

提高读者满意度，实现高校图书馆发展的可持续性，可从识别读者的潜在阅读需求开始。读者的潜在阅读需求可以通过信息收集并进行调研分析，细化读者群体来识别。根据读者本身的属性，细化读者群体，分层管理。

大学生具有青年读者和学生读者的双重特征。作为年轻人，他们处在生理、心理、智力发展和世界观的形成期。他们的生活独立性逐渐增强，思想较为活跃，思维、观察能力有所提高，自我意识较强。作为学生读者，他们接触的知识领域更加宽广而深入，其阅读兴趣、阅读目的受毕业后继续求学或就业需求的影响。为了成为合格的专门人才，成为全面发展的大学毕业生，他们在大学生活阶段，系统学习专业理论以及综合性的科学文化知识，使自己具有较高的文化素质、合理的知识结构，由知识型人才向智能型、创造型、通用型人才发展。

大学生的阅读倾向和规律随着其知识的累积程度和年级阶段的不同有

着明显的差异，高校图书馆应针对大学生读者的这一阅读特点，开展有针对性的阅读咨询、指导。例如，多数大一新生，刚刚从应试的阅读模式中解脱出来，摆脱了高考的压力，突然的放松使他们无所适从，而他们对在大学应该如何阅读学习还处于懵懂无知的状态，同时对图书馆的知识也极度缺乏，这使他们的阅读带有较大的随意性和不确定性，主要是进行消遣性、无目的的阅读。此时图书馆需要对其阅读进行有效引导，通过新生入馆教育等方式，帮助他们学会利用图书馆，并树立正确的阅读动机，以免其走入阅读的误区。

大二、大三的学生经过大一的学习生活，已经逐步适应了大学的阅读学习方式。由于他们已经开始了专业课的学习，面临更多的专业知识要去学习，因此需要借阅大量的专业类图书，以解决在学习过程中出现的困难。在阅读的同时，拓展知识面，为将来就业打下基础。但是随着高等教育的普及、就业压力的增大，有相当一部分学生为了提高自己的就业成功率，通过考取各种资格证书来获得更好的就业机会，而这也往往会导致他们在专业知识的学习上存在缺陷，不能达到用人单位对专业人才的要求，从而失去就业的机会。因此，高校图书馆应与学校其他相关单位配合，采取有效措施，指导他们加强对专业知识的学习，打下坚实的专业知识基础。

大四毕业班的学生，他们的阅读目的比较明确，带有明显的实用性和功利性。他们阅读的主要目的集中在撰写毕业论文上，需要大量并且多元化的专业书刊，大部分时间都消耗在查找与毕业论文相关的专业文献资料上。还有相当一部分大学生要考公务员、考研等，需要阅读相关的考试参考类图书资料。因此，图书馆应为其有针对性地开展文献信息检索、咨询服务。另外，即将毕业的大学生还要面对择业的问题，图书馆可以聘请相关方面的专家开设职业规划讲座，根据所处年级、学科专业领域、个人发展状态等情况为其答疑解惑。图书馆可通过跟踪关注读者的历史借阅信息、检索记录、浏览记录，对读者进行问卷调查，也可以通过提取图书馆论坛中的读者提问发言等方式，以数据挖掘为手段全面了解读者的个人兴趣爱好、心理发展状态，确定读者的阅读倾向，为读者建立阅读档案，提供有针对性的个性化阅读服务。

（二）根据大学生读者的阅读特点提供相应的阅读推广服务

根据哈佛大学教育学家珍妮·查尔提出的阅读素养形成的“五阶段模型”，大学生应进入“构建与批判”的阅读阶段，“构建”即通过对书本知识的融会贯通形成并完善自身知识体系；“批判”即通过对自身知识体系、思维脉络反复推敲，审视书本中的逻辑、思维脉络，在批判继承过程中达到自身修养、素质的升华。

由于大学生群体心理存在跳跃性、求知性、交替性、猎奇性等特征，容易在选择时出现困惑和迷茫。长期以来，过于追求实用的阅读模式限制了大学生眼界、视野、思维境界的发展，给阅读选择造成了相当的障碍。同时，由于自身专业领域、知识深度及层次的不同，大学生会因阅读能力、理解能力、思考能力未达到相应标准而无法开展深度阅读。碎片式的网络阅读占据了大学生越来越多的时间，大多数学生拥有积极向上的阅读态度，对阅读的重要性给予充分肯定，但由于缺乏阅读的动力，导致阅读行为较为滞后。

一般而言，大部分高校学生的阅读面都比较窄，还有一部分学生只阅读自己感兴趣的杂文，而对于文学名著或者专业书籍持保留态度。学生的阅读还具有盲目性和随机性，没有一定的阅读方向，也没有形成固定的阅读方式和阅读习惯，随着网络的影响，更多的学生现在喜欢阅读的是短小轻松、易于理解的“网文”，即“轻阅读”，阅读的质量跟不上去，对内容的独立思考能力和深度阅读能力就会有所欠缺。可见，当前大学生的阅读状况不容乐观，主要表现为：阅读量小，阅读功利性强，重网络阅读、轻纸本阅读，阅读通俗化、快餐化等。但让人欣慰的是，现在大多数学生在阅读能力方面的自我期望较高，且能够认识到自身阅读能力的缺陷，希望通过专家指导或其他方式提升自身的阅读素养。因此，图书馆在阅读推广活动中要多动脑筋，面向不同阶段的大学生读者，开展有针对性的阅读咨询和指导服务，组织一些大学生感兴趣的活动来吸引大学生，从而提高大学生的阅读兴趣。同时，图书馆也可以招收一些喜欢阅读的大学生参与阅读推广活动，让他们担任义务阅读推广者。首先，这些大学生推广者是学生身份，与其他大学生读者在沟通上有共同语言，更能了解大学生读者的需求；其次，通过大学生推广者的宣传，能够让更多的大学生了解图书馆，了解图书馆的信息资源，由此来培养大学生的阅读兴趣；最后，大学生推广者本身就喜欢阅读，能带动更多的大学生积极地参与阅读。

（三）图书馆与大学生社团的合作

阅读推广是高校图书馆以活动的形式积极开展的，通过影响读者的阅读选择从而不断引导读者阅读的一种过程。图书馆作为学校的一个部门，无论人员还是精力都是有限的，需要借助外部的力量才能更好地开展工作。从高校来说，最好的合作伙伴就是学生社团。

学生社团是由来自不同院系、不同班级的学生自发组织起来，按照学校相关章程和规定自主组织并开展活动的群体。学生社团通常有形成自发性、内容多样性和活动特色化等特点。大学生社团可以通过加强与图书馆的沟通，积极向图书馆反馈当前学生读者的阅读需求。大学生在参与阅读推广活动时能及时通过社团组织把自己在活动中的感受、感想反馈给活动组织者。学生对阅读活动的反馈，有利于活动组织者广泛积累活动经验，进一步完善活动机制，为下一次开展高质高效的阅读推广活动打下坚实基础。大学生社团发挥中坚作用，高校图书馆通过他们能深入了解读者的阅读喜好或阅读兴趣。同时，大学生社团中就有学生读者，学生最了解学生，学生读者能把自己最真实的阅读情况及时地反映给图书馆，有利于图书馆下一次阅读推广活动的开展。学生社团根据读者的阅读需求和变化积极进行创意和设想，能进一步丰富阅读推广活动的内容，让活动形式多样化，同时不断激发读者的阅读兴趣，帮助阅读推广活动广泛开展。因此，通过与大学生社团的合作，高校图书馆能更好地与读者进行联系和沟通，进一步拉近读者与图书馆的距离。大学生社团参与图书馆的阅读推广活动，通过阅读交流以书会友，既能激发大学生自身的阅读兴趣，又能不断提高自己的阅读水平，不断发动更多的群体参与阅读活动，形成人人“爱读书、读好书、好读书”的阅读氛围，从而改变大学生的阅读现状。大学生社团还能积极联合校内其他社团或校外其他机构，积极参与阅读推广活动，形成良好的阅读氛围。

大学生社团还能积极发动身边的人参与阅读推广活动，通过发挥桥梁纽带作用，积极促进阅读推广活动进一步开展。高校图书馆也应积极支持大学生社团参与阅读推广活动，充分发挥其桥梁纽带作用，不断做好阅读推广的各项工作，实现“双赢”，共同发展。

大学生社团在高校图书馆开展阅读推广工作中扮演着重要的角色，发挥着不可替代的作用。对图书馆而言，每一位读者都是一本“真人图书”，每一个社团都代表着一种“独特的校园文化”，都值得图书馆去珍藏。高校图书馆要积极重视大学生社团，通过大学生社团自管理、自推广的形式开展丰富多彩的阅读推广活动，进而影响读者的阅读行为。

（四）构建大学生读者阅读激励机制

如今，上网已成为大多数学生课余生活的主要内容，这使得他们在有限的课余时间里阅读纸媒的时间减少，浅阅读、快餐式阅读、功利性阅读充斥着大学生的阅读生活。90 后与 00 后是现在大学生的主体，他们的权利感和个人意识更强，信息获取渠道更多元。实践证明，采用激励机制是推动当代大学生阅读的有效方法之一，通过一定的激励手段可以激发大学生的阅读兴趣，调动其积极性和创造性，使大学生树立以“多读书、读好书”为荣的价值观。阅读激励机制可以尝试从以下几方面来建立。

1. 设立阅读学分制

阅读学分制度，是图书馆按照一定的标准，将读者在一定时期内的阅读情况转化为相应数量的学分，读者按照学分的多少获得一定的奖励和享受一定的服务的图书审阅读管理制度。读者获得的阅读学分由图书馆专门人员进行登记汇总，在每学期末学校评比奖学金时计入总分，成为评比的一部分。当读者的阅读学分积累到一定数量后，可参加图书馆优秀读者及其他奖项的评比。“阅读学分制”有很强的趣味性和竞争性，能够激发读者的阅读兴趣，使其体验到获取知识的快乐，同时可大大提高图书馆文献资源的利用率。当然，阅读学分制的设置比较复杂，需要科学合理设置。

2. 举办“阅读之星”评选活动

“阅读之星”评选活动是通过图书馆借阅管理系统对读者借阅图书量

进行统计，对于年底借阅排行榜前十名的读者，在征得本人同意后，图书馆将其个人借阅信息及读书感悟等汇总后在馆内宣传板上展示。图书馆为获得“阅读之星”的读者颁发荣誉证书，并提供一些其他的物质奖励。例如，获得印有图书馆标识的精美纪念品，可以获得图书馆当年考研专用研习室的优先预约权、提供一年的免费文献传递服务、奖励图书馆电子阅览上网机时、可以跟随图书采购人员到书店里挑选图书等。榜样的力量是无穷的，图书馆利用榜样的激励作用，可以激发其他读者的阅读热情，有利于弘扬多读书、读好书的良好风气。

3. 进行搜书技能大比拼

高校图书馆开设文献检索课或开展新生入馆教育，帮助学生更好地利用图书馆，提高学生获取文献信息的技能，但是在实际工作中发现，很多读者虽然接受了培训，但真正利用图书馆时依然感觉茫然，面对资源丰富的图书馆感觉无从下手，也有的学生不愿意认真查找资料，也不愿过于烦琐地利用图书馆。为唤醒学生的潜在能量，培养他们自我学习的积极性、主动性，图书馆每年举办“搜书技能大比拼”活动，比赛要求读者在规定时间内从书库中正确找到相应数量的图书，最终评选出获胜者，并给予相应的奖励。生动活泼的竞赛形式比传统的入馆教育、文献检索培训更有吸引力，更容易调动大学生利用图书馆的热情，但该类比赛参与人数毕竟有限，受益的读者也只是少数。

4. 开展爱心图书漂流活动

图书漂流是国际上一种普遍阅读方式，这种崭新的阅读方式在中国日渐受到推崇，越来越多的人参与其中。图书漂流是指书友们将自己拥有却不再阅读的书籍贴上特定的标签后，投放到公共场所，无偿地提供给拾取的人阅读。图书馆可利用与书商的业务关系，筹集用于漂流的优秀图书，同时向全校师生特别是毕业班的学生发出捐书倡议。为了鼓励学生踊跃捐赠，图书馆出台相应的规定，读者一次性捐赠多少本以上且符合馆藏标准的图书，将获得图书馆颁发的捐书荣誉证书。图书馆对读者捐赠的回馈表达了图书馆对其无私付出和爱心传递的肯定，会促进更大范围的知识共享和爱心传递。

以上这些激励机制是为了服务大学生而存在的。在激励机制建设过程中，图书馆可以鼓励和吸纳学生参与激励机制的建设。图书馆可以通过学生社团组织、教育教学平台、校园网络等渠道将激励机制发布，使学生更清楚地了解学校的激励机制，广泛吸纳学生的意见和建议，不断制定符合学生需求的激励制度，有效调动学生的积极性和主动性，让学生成为阅读推广活动的主人。

三、阅读推广的基本保障

阅读推广工作已经成为图书馆的常规性工作。但是，如何做好阅读推广工作，仍然是摆在图书馆人面前的一道不小的难题。为了做好阅读推广工作，除了作为阅读推广主体的图书馆和客体的大学生读者外，还要有以下几点基本保障。

（一）人力保障

图书馆阅读推广的资源管理问题，涉及场地、设施、资金与文献等资源，但最大的问题还是人力资源管理。阅读推广主要依靠图书馆馆员的主动性和创造性来推动服务的开展。阅读推广作为现代图书馆的服务内容，具有综合性、复杂性的特点，对图书馆馆员的要求要远高于外借阅览等传统图书馆服务，需要馆员不断学习、研究与思考。特别是从事阅读推广活动的馆员，需要对各个要素及其相互关系拥有足够的认知，才有可能设计出有效的阅读推广活动。图书馆应立足长远，采取更多长效机制促进阅读推广人力资源的发展。除了设立阅读推广专门岗位，还可以设立阅读推广部门，配备合适的推广馆员，充分发挥学科馆员的阅读推广优势。学科馆员制度已经成为许多高校图书馆的基本制度，是图书馆与校院系沟通的有效机制。从操作层面上来说，学科馆员是图书馆开展阅读推广活动的天然桥梁，如学科博客的建立和维护。在高校图书馆的专业资源的阅读推广工作中，没有人比学科馆员更了解或善于沟通专业或学科方面的情况，这也是高校图书馆有别于公共图书馆的显著特征之一。同时，应该谋划阅读推广人才的培训机制。培训活动对图书馆流通量、资源阅读、馆藏发展的促进作用显著。有了这样的人力保障，阅读推广工作的目标性和长效性才能更好地实现。

（二）管理保障

阅读推广是图书馆的一项新型服务。同所有新型服务一样，当其处于萌芽状态，或处于其他主流服务的从属地位时，管理者的管理一般是放任的自发管理。在全民阅读的大环境下，阅读推广服务已然成为一种主流服务，需要管理者进行管理变革，从自发管理转向自觉管理。为推动全民阅读，更好地履行图书馆推广全民阅读的社会使命，图书馆管理者需要改变原有的管理理念，将阅读推广纳入管理视野，对阅读推广进行顶层设计。此外，阅读推广工作的开展，需要仔细规划和管理团队，开展团队合作，更需要管理人员有效整合好学生组织、社团、校园广播、社区、电台等可利用资源，还需要阅读推广主要负责人调动宣传、策划等各环节人员的主动创造力和参与度，以及馆长全面统筹，全方位参与协调图书馆内部及学校其他各部门的任务分工。图书馆组织结构中有独立阅读推广部门的，有利于阅读推广工作的可持续发展；图书馆无独立阅读推广部门的，只能以抽调方式组织，适合非常规性任务或项目管理模式，其自适应性表现在能全方位地配合完成阅读推广活动任务，但是需要临时负责人或主管馆长组织和协调前期策划、过程管理、后续统计评价以及处理好与日常工作的关系等管理保障。

（三）技术保障

传统的图书馆管理模式与服务体制由于信息技术的应用，已然发生了改变，自动化、网络化、数字化成为现代图书馆的特征。现代图书馆以信息新技术为根基，利用虚拟化存储技术提供快捷的数据服务，通过大众传播媒介、网络等信息技术为读者提供传统服务和电子文献服务。无论是传统阅读方式的信息推送和目录资源整合，还是碎片化内容的电子阅读，都离不开信息技术的支持。熟悉开发和综合利用社会化媒体已是图书馆拉近与读者距离必不可少的手段，掌握应用信息技术是现代图书馆发展的必然要求。例如，借阅系统嵌入微信平台、无线射频标签图书定位信息推送至桌面、屏面等，都需要专人建设、维护和跟踪；再如，软件版图书馆网站开发与应用，其推广、宣传、过程管理、跟踪、统计管理，都离不开信息技术的本体化。

阅读推广人员要时刻关注和学习图书馆信息服务支撑技术的发展和变化，顺应时代发展，不断探索信息新技术。同时，建立和改善智慧图书馆服务机制，营造良好的阅读氛围，在馆内大力培育以人为本、以读者为本的主动服务思想，形成智慧图书馆新的共识与发展动力。此外，要在政策上加以引导，重视提升智慧图书馆服务内涵，加大教育服务功能，加快学习掌握新技术、新阅读载体，从而能够适应新技术、新媒介下的数字图书馆的快速发展，不断提高图书馆的服务质量。

（四）物质保障

高校图书馆在性质上属于国家公共事业单位，主要经费来自国家财政支持和地方财政拨款，因此不同地区的高校图书馆阅读推广服务水平存在差异。同时，由于高校图书馆主要服务群体是高校师生，相比较公共图书馆而言，处在一个相对独立和封闭的体系内，因此社会力量对高校图书馆的影响较小。反观发达国家的高校图书馆，社会捐款和公益基金是其广泛开展阅读推广活动的重要支撑，因此，如何拓宽高校图书馆的经费来源渠道，是影响中国高校图书馆阅读推广工作开展的重要因素。

不同的阅读推广项目，所需求的物质支持也有所不同。一方面，高校图书馆应从优化环境、资源建设和提供电子阅读器、笔记本电脑等移动设备免费服务入手，最大化消除读者的物质障碍，从而促进阅读，引导数字阅读；另一方面，高校图书馆可根据自身情况量体裁衣，在研究的基础上，做好方案，尽力争取学校的经费支持，或者优化组织方案。

在倡导全民阅读的大背景下，阅读推广已成为图书馆的根本任务之一，“阅读推广是图书馆的生命力”这一论断，是对阅读推广及阅读推广人的高度肯定，同时是一种鞭策，对高校图书馆阅读推广人提出了更高的要求，激励阅读推广人要以爱岗敬业的责任心，发挥阅读推广人的能力，将阅读推广可持续发展地进行下去。读者服务是贯穿图书馆工作的主线，是图书馆永恒的主题。随着科技的迅速发展，读者对信息的需求呈现多层次、多样化和个性化趋势。图书馆阅读推广工作要为读者提供更好、更完善的推广服务，而这需要阅读推广人不断提高服务能力，研究读者服务的发展趋势和要求，研究读者服务的方法和技巧，从而在高校阅读推广工作中奉献自己的力量。图书馆只有提供阅读推广工作开展的必要条件，根据自身的优势，在研究读者需求的基础上，明确阅读推广的思路和途径，不断探索实现有效阅读推广的方法和保障，才能为书香校园、书香社会做出应有贡献。

第三节　阅读推广活动策略探究

一、通过创新打造品牌活力

阅读推广活动效果的关键在于活动内容的选取。阅读推广活动应内容形式多样，富有创新色彩，同时拥有自主的活动品牌，这样才能够激发大学生的参与热情，引导大学生通过阅读汲取有价值的知识。因此，高校图书馆阅读推广中，一方面要开展丰富多彩的活动项目，从而吸引不同的读者，让读者可以根据个人兴趣有更多的选择机会；另一方面要创新活动形式，打造自主活动品牌，扩大阅读推广活动在校园内的影响力。例如，长沙理工大学图书馆在活动开展过程中，非常重视活动品牌项目及社会影响。他们举办的“梦入诗魂”诗歌朗诵比赛、“潭州夜话”和“中外文化交流会”等，很多都已成为“读者活动月”的重要品牌，并在本省荣获奖项，不仅得到了本校读者的积极响应，还吸引了许多周边高校的学生参加。上海财经大学图书馆在2008年确立了自有阅读推广品牌“悦读”，经过实践摸索，在校园内已具有一定的影响力。因此，注重活动品牌项目效应，有利于提高活动效果，达到阅读推广的目的。

二、以图书馆为主，各部门为辅

图书馆是高校开展阅读推广活动的主导者，一方面，要以自身拥有的馆藏资源为基础，从战略高度重视阅读推广活动，逐步完善活动运行机制，指定图书馆的专门部门负责活动的整体策划，同时调动馆内其他部门及馆员的积极性，力争全体馆员积极投入活动；另一方面，为了扩大阅读推广活动的影响力，取得更好的活动效果，图书馆应联合各个学院和学生社团，多方面协同工作进行阅读推广活动，以此营造更好的阅读氛围和宣传阅读活动。

三、前期重宣传，后期重展示

想要吸引读者的目光，使更多的大学生参与活动中，就必须重视阅读推广活动的前期宣传工作。常见的宣传方式有两种：一种是传统方式，包括在学生经常出入的地方如教学楼、宿舍、食堂等悬挂横幅、粘贴海报、发放宣传页等；另一种是利用当今大学生喜爱的社交网络平台，如校园网、图书馆专栏、博客、微博、微信、论坛等媒介进行宣传，从而营造浓厚的活动氛围，推动活动的有效开展。社交网络平台已成为图书馆和读者进行探讨和交流的重要信息平台，如华东师范大学图书馆、华东理工大学图书馆、上海财经大学图书馆、上海对外贸易学院图书馆等都纷纷利用新浪微博等进行阅读推广活动宣传。还有一些高校图书馆将阅读推广活动的花絮视频剪辑上传到图书馆网站或制作成微电影，加强了活动宣传推广并取得了良好的效果。

在活动后期，图书馆组织者可以将活动项目的比赛结果和作品通过官网主页公布，并利用图书馆一角进行书画征文等作品展示，还可以在活动闭幕式上邀请校领导、图书馆领导为获奖读者颁奖，以此表彰和鼓励更多大学生读者关注和参加阅读推广活动。

四、加强总结评价工作

阅读推广活动是一项系统、持久的工作，高校图书馆的组织者和实施者应该在活动推广结束后及时进行活动实践总结，内容包括活动策划流程是否严密、实施过程的难易事项及活动开展效果，对每一项活动及整体活动效果都进行一个有效评估，这样才更有利于提升活动效果。图书馆可以通过设计问卷调查，及时获取学生对阅读推广活动的反馈信息，总结活动开展过程中的成功经验和不足，并在下次活动中做出调整和改进。例如，某高校采用了网络问卷形式，分别对参与活动的大学生和阅读推广活动的负责人进行了调查和统计。问卷首先归纳了 17 种阅读活动，并提出 8 个活动评价指标，包括活动参与人数、提升读书兴趣的活动、增加到馆时间的活动、需要专项知识或技能的活动、增加读书数量的活动、增加读书时间的活动、增加了新的知识的活动、最满意活动，再根据 8 种指标对 17 种阅读推广活动进行评价，得出阅读推广活动中“参与广度的活动”“参与深度的活动”“最满意的活动”“最有效的活动”的排序。然后对图书馆阅读推广活动负责人进行调查，了解图书馆对大学生阅读问题的看法，结论是图书馆应主要针对大学生不善于选择图书、不善于利用电子资源、不想阅读图书等困难着手进行阅读推广活动。高校图书馆不能只看重阅读推广活动的形式、声势而不考虑活动的成效，只有将开展与完善相结合，才能真正在全校范围内提升阅读推广活动的氛围和影响力，才能实现阅读推广活动的目的。

第四节　阅读推广活动的策划

近年来，高校图书馆提倡“以读者为中心，以服务为主导”的服务理念，举办各种阅读推广活动，加大对资源和服务的推广力度，激发读者利用图书馆的兴趣。优秀的阅读推广活动有利于发挥图书馆的功能，塑造图书馆的正面形象，同时发挥“润物细无声”的形象识别作用。

新信息环境下，读者对阅读推广服务呈现出多方位、全面性、独特性的需求特征。高校图书馆要努力适应新环境的变化，挖掘自身所具备的服务潜力，不断融入新的理念，延伸和拓展阅读推广服务的内容和形式，提高阅读推广服务的质量，吸引既有的和潜在的读者群，充分发挥阅读推广服务的效用。

一、高校图书馆阅读推广活动的受众、目标与形式

阅读需要普及与推广，但推广方式没有硬性规定。高校图书馆是大学校园中读书活动的策源地和大舞台，阅读推广活动一般由高校图书馆推动。高校图书馆的服务对象主要是青年学生及教师，阅读推广活动很大程度上就是针对大学生展开的。大学生除了阅读专业文献，还需要阅读那些与他们心理成长和人格完善有关的书籍。

阅读推广可以提升图书馆的服务能力，符合图书馆核心价值的阅读推广目标：让不喜欢阅读的人喜欢上阅读，让不会阅读的人学会阅读，让阅读有困难的人跨越阅读的障碍。因此，针对大学生进行阅读推广的目标主要有以下几点：提升资源使用率，提升大学生阅读意愿，提高大学生阅读能力，提供阅读交流的平台。

狭义的阅读推广一般指书目推荐或读书会等活动，以及针对节假日开展的专题阅读活动，但实际上，大学图书馆的阅读推广活动范围很广，包括线上和线下推出的各种推广活动。

高校图书馆开展的阅读推广活动形式种类多样，既有名家讲坛、读书沙龙，也有知识竞赛、设计大赛等活动，活动目的在于激发学生的读书兴趣和创作热情，使图书馆服务理念深入人心。

二、高校图书馆阅读推广活动的策划原则

大学图书馆开展阅读推广活动的目的是吸引大学生注意及参与，活动需精心创意与策划。详尽细致的策划方案是顺利开展阅读推广活动的保证。

（一）协调针对性与整体性

每一项阅读推广活动都是针对一定的目标群体的。大学图书馆开展阅读推广活动，需要设定明确的目标群。大学生的阅读倾向和规律因其所处年级以及知识积累程度的不同存在明显差异，要针对不同群体开展不同内容形式的阅读指导活动。客户细分是客户关系理论的重要组成部分，特别强调需求的差异性。推广对象分层越细，所做的工作越有针对性，就越能满足特定群体的需求。图书馆大学生读者可分为本科生、硕士生、博士生，这个分类还可进一步细化，本科生还可分为新生、老生及毕业生。阅读推广的对象主要是本科生，而针对新生的活动与针对老生的活动却大有不同。新生到校后，一个重要任务是了解图书馆，提高信息素养，而老生则在这方面已有基础，他们更希望找到自己想看的图书，大三、大四的本科生则更希望获得写论文、考研、找工作等方面的指导，即使是同一年级的学生，人文学科和理工学科的学生，需求也是很不一样的。

阅读推广还要考虑整体性，包括与图书馆服务宗旨协调一致，兼顾图书馆各个读者群体。大学生层次不同，在策划活动时，要统筹考虑，不能只考虑某一个群体的需要，不能只考虑新生的需求，也不能只考虑老生或毕业生的需求。在布局阅读推广活动时，要做通盘考虑，再做适当倾斜。例如秋季，考虑到新生入学，可以多布局一些面向新生的活动，适当地布局一些针对高年级学生的活动。到了春季，活动内容可以适当向高年级学生倾斜，适当地布局针对低年级学生的活动。

（二）结合科学性与前瞻性

阅读推广活动策划首先要确保导向正确、宗旨明晰，意在引导阅读和促进阅读。其次，阅读推广活动的策划内容和形式是具有可操作性的，图书馆在人财物上能保障活动顺利实施。

阅读推广活动的策划也要有前瞻性。除针对纸质图书等开展活动外，要时时关注网络化环境下新技术的发展及读者阅读习惯的变化，跟踪数字阅读、掌上阅读、新媒体等的发展，创新活动形式，不断策划新的主题活动。

（三）兼顾计划性与可持续性

阅读推广每一项活动都要进行很长时间的筹备。为保证活动质量与效果，要做到未雨绸缪，策划之初，就要考虑人员、经费、资源甚至时间和空间等条件，提前为拟筹划的活动创造相关条件。

通过推广阅读来促进读者阅读习惯的养成、阅读文化的建设，是一个长期的过程，非一两次读书活动就能做到的，所以阅读推广不应是应景、应时的节日型、运动型活动，必须建立起长效机制，在人员、经费、资源等方面做出整体规划和安排。在策划时，可以考虑将有些可反复开展的活动做成品牌，形成口碑效应，读者经阅读推广活动的反复刺激，可提高参与的欲望。例如，“一城一书”这样的活动就可持续性开展，可以以年、季、月、周等不同周期开展，周期不同，书籍不同，这样可以大大提高书籍的阅读率。在高校图书馆，也可以持续打造“一校一书”的立体阅读模式，让阅读成为习惯。

（四）平衡创意性与常规性

阅读推广活动的开展是希望引导更多的人参与，宣传推广活动具有创意，能极大地提升宣传效果。衡量宣传推广活动是否具有创意，要看它是否引起了大学生广泛的共鸣，是否给大学生留下了深刻的印象并取得广泛关注。图书馆可定期策划一些创意性活动，阅读推广的策划要打破常规，寻求创意上的突破，要能够吸引大学生的眼球。在策划活动时，要求方案新颖、个性化、趣味化、富有挑战性，达到“惊异效果”。

然而，创意性活动要耗费更多的人、财、物，对技术也有更高的要求。图书馆也不可能所有活动都是创意性活动。阅读推广活动本就有常规与非常规之分。常规性活动，在图书馆内经常性地开展，较利于营造品牌和口碑。图书馆阅读推广活动的策划，特别要注意在创意性和常规性间寻找一个平衡，将常规活动打造成品牌，在人、财、物条件合适的情况下，开展创意性活动，达到锦上添花的效果。

三、高校图书馆阅读推广活动的策划思路

（一）与图书馆馆藏资源推介相结合

图书馆丰富多样的资源是吸引大学生来馆或使用的因素之一。高校学生的流动性，决定了图书馆读者的流动性。图书馆的资源数不胜数，但

需要图书馆不断推介。在这个多元化选择的时代，图书馆应加大对资源主动推送的力度，吸引更多的学生走进图书馆，了解图书馆，利用图书馆。

（二）与图书馆服务相结合

图书馆的优质服务与阅读推广之间是一种相辅相成的关系。目前高校图书馆服务项目众多，包括借阅服务、视听服务、数据库服务、教学培训、文献传递、学科服务、论文收录引用等。阅读推广活动的进行，必定对图书馆的形象有正面宣传的作用，促使更多的读者了解和使用这些服务。图书馆要结合这些服务，将宝贵的资源推介出去。

（三）与读者需求相结合

阅读推广的目的是吸引读者广泛参与，营造浓厚的校园书香氛围，养成良好的阅读习惯，让全民阅读成为亮丽的风景线。同时要充分考虑读者信息素养的提升，读者信息素养提升了，就可遨游学海，享受“悦读”的情趣，读更多好书。

四、高校图书馆阅读推广活动的策划流程

（一）做好前期调研

1. 对图书馆的资源与服务特色进行梳理整理

策划人员要对本馆的资源与服务有充分的了解，从而进行有针对性的推介。推介方式有两种：一种是依托大众性的资源和服务进行阅读推广策划，如结合好书榜、获奖图书等开展书展和读书会；另一种是挖掘图书馆特色资源和服务进行阅读推广策划，推出专题活动。

2. 了解读者才能进行针对性推介

新信息环境下，互联网上的新创意层出不穷，很容易转移读者的注意力。很多高校图书馆在策划活动时，往往依据惯性思维，事先没有认真调查学生的阅读兴趣和实际需求，与读者沟通不足，用户体验偏少，欠缺双向深层次交流，导致策划活动的参与者较少。

图书馆要紧跟时代的发展，了解 90 后和 00 后的心理，融入快乐推广的理念，在图书馆与读者间建立一个亲和的“媒介”，搭建良性互动的平台，将活动的推广方式打造得活泼、有趣，迎合读者的喜好，与读者形成共鸣。

（1）通过前期调研了解读者的需求。阅读推广活动的前期调研很重要，强调以读者为中心，重视读者的体验，充分了解高校读者的阅读兴趣和阅读爱好，针对高校读者的兴趣爱好进行选题策划，让读者真正成为阅读推广活动选题策划的参与者。

通过观察或读者调查、访谈、座谈，设置建议箱，图书馆流通数据分析等方法，多方面了解读者的需求。调研的方式可以采用问卷调查、有奖问答、现场采访调查等方法；也可以通过社交网站、微信、短信、图书馆主页发放调查问卷、电子邮件进行调研，获取调查数据；还可以充分利用图书馆的官方微博和图书馆馆员的个人微博与读者互动，听取读者的意见。在进行调查时，调研者要对大学生读者群进行细分，如本科新生的座谈会，高年级本科生的调查表，硕士生、博士生的需求访谈。此外，特别要注意了解文科学生与理工科学生的需求差异。

（2）根据大学生阅读类型进行推介。大学生阅读的类型可分为目的阅读型、从众阅读型、随意阅读型。目的阅读型读者有较明确的目的，根据需求选择图书，如阅读考试类书籍、英语学习书籍、论文写作书籍、小说等，这类读者往往有明确的书单，图书馆可根据这类读者的需求补充馆藏，引导其阅读更多相关书籍。从众阅读型读者，大部分是别人读什么，他就读什么。对这类读者可重点进行荐读服务。随意阅读型读者数量较多，这类读者到图书馆往往没有明确的目标，在书架中看到适宜的书就随意看，一般也不会深入读某本书，这类读者可以开具书单进行引导。

（3）阅读推广时机的选择。阅读推广的时机选择很重要。例如，对刚进大学的学生推荐论文写作方面的书籍，效果必然不会太好，只有适时适宜地开展荐读活动才会有比较好的效果。每年 9 月，大学新生到校，图书馆阅读推广的重点可以围绕大一新生进行，帮助大一新生更好地适应大学的学习和生活；每年 11 月可以针对研究生进行开题或专业写作方面的书目推荐；每年 5 到 6 月可以针对毕业生开展创业方面的书目推荐或讲座。

（二）确定活动意向

图书馆阅读推广的总体目标是推广资源与服务，但任何一项具体活动的开展，都需要一个清晰的意向，这样策划才有方向。

从近几年阅读推广活动的开展来看，可初步将活动意向归纳为如下几种。

1. 引导阅读

引导阅读主要是开展专题书目推广或书展。这些活动策划主要立足大学生读者阅读推广，倡导健康的阅读风气，兼具知识性、思想性和趣味性。

2. 引导学术、思想、文化的交流和分享。包括：

第一，大型讲座。各类型文化讲座，促进文化传承和创新。

第二，小型读书沙龙。欣赏文艺作品、分享阅读感悟、培养人文素养的阅读交流平台，强调交流分享。

第三，真人阅读。以面对面的形式沟通，分享多样人生经历和感悟，励志成才。人即是书，书即是人，人书合一。

3. 阅读感悟和分享。包括：

第一，读书征文。强调以阅读感想和阅读思考为中心，写出自己不同的见解和真情实感，可读性强，对同龄人有启发。

第二，书评大赛。可以是不同主题的书评大赛，或网上微书评活动，字数不限，强调感悟。

4. 提升资源的推广利用率。包括：

第一，针对电子资源推广，举行“学术搜索之星”挑战赛，或数据库有奖竞答等活动。

第二，针对纸本资源，举行“找书达人——图书搜寻大赛”，或书山寻宝类活动，让新生通过游戏比赛的方式学习索书号知识，以更快速、更准确地找到所需图书。

5. 加强阅读资源的循环传递

图书互换会、图书漂流活动可让读者各取所需，让书籍流动到最有需求的人手上。

6. 加强阅读的示范效应

通过“借阅之星评奖”“读书之星比赛”等活动，结合身边的实例激发学生的阅读兴趣。

（三）确定选题

实践中，初步确定要开展某方面的活动，如书展或读书征文，会面临“选题”，这又是一个难点，很多人会为想不出一个好的主题而犯难。

如果不想落入俗套，使活动接地气，且具有学术性、时事性、知识性、趣味性，可参考以下方法：

1. 关注社会热点

目前大学生获取信息的途径很多，微博、微信以及各大主流媒体每天推送的新闻很多，图书馆如果能将活动与热点有机结合起来，就能瞬间抓住大学生的兴趣点。例如，在莫言获得诺贝尔文学奖后，图书馆推出诺贝尔文学奖获奖作品的推荐书目，能吸引大学生眼球。

2. 关注文化机构的热点

一些文化机构，如新闻社、出版社、学校、书店等的活动和网站是策划人员需要经常关注的。年度好书榜、文学奖获评图书等都可以作为活动选题，由此策划一系列活动。

3. 结合节日或纪念日进行选题

节日或纪念日通常蕴含着历史文化内涵或跟某个重大历史事件相关。借助节日或纪念日，可开展活动，可亲近传统文化，夯实文化底蕴，提高人文素养。

4. 结合本校特色、重大活动和校友等选题

阅读推广活动还可以与本校特色、重大活动（如校庆、馆庆、纪念日）、校友等紧密结合，吸引更多学生。例如，清华大学与校庆日结合的“清华人与清华大学”专题书展，清华大学图书馆结合百年馆庆开展岁月留痕、清华藏珍、馆庆书系、系列展览等活动；北京大学图书馆结合秋季迎新推荐书目展，围绕“认识北大、热爱北大”“适应北大、享受北大”“走近大师、提升素养”等主题，精选了一批适合新生阅读的书，收到了不错的反响；武汉大学图书馆在毕业季线上线下推出知名校友雷

军的书单，以经过雷军精心挑选并大力推荐的10本书，作为送给毕业生的温馨“礼物”。

（四）实施策划

1. 整体规划

图书馆的活动，根据高校本身的学期特点及学生利用图书馆的规律，基本可分为常规阅读推广活动、专题阅读活动，以及吸引人眼球的创意推广活动。图书馆根据自身特点，可开展不同层次的活动。

整体规划需明确的主要问题有活动主旨、活动主题、活动时间跨度、活动组织方和合作方、活动主要内容、活动进度、活动子项目任务分工的落实、活动经费预算、活动预期效果、效果评估方法等。整体规划主要从全局统筹阅读推广活动的内容，以及人力、财力、物力、技术、时间与空间等资源的分配，从必要性和可行性两方面进行决策。特别要注意在策划与实施间寻找平衡点，有些非常好的创意，囿于现实条件，往往难以实施，会导致半途而废。

2. 设计活动方案

在整体规划的统筹下，对于各个阅读推广子项目，还要设计具体的实施方案，实施方案一般由子项目负责人根据统一要求起草制订。实施方案解决的问题更加具体，包括要做什么、怎么做，以及事后的评估怎么做，都要说明。

要做什么，即确定活动主题，确定活动对象、活动内容、活动形式。怎么做，即确定活动管理方式、活动人力安排、时间安排、活动奖励方式、合作方式以及活动宣传方式（包括纸媒宣传及微博、微信、图书馆网站、合作网站等新媒体的宣传）。

活动的主题要鲜明有力，名称要贴合学生的心境且朗朗上口，文案的文风要活泼幽默。

五、高校图书馆阅读推广案例

（一）常规阅读推广活动

高校图书馆常规阅读推广活动，一般包括书目推荐或书展、读书会、真人阅读等，也有把这几者结合起来的立体阅读活动。

1. 书目推荐或书展

图书馆举办形式多样的导读和推荐书目工作，举办特定主题的图书展览，集中推介系列优秀图书，引导学生多读经典书籍，从而起到塑造健康人格、陶冶情操、感悟教化的作用。推荐的范围不限于纸质图书，还可以是电子图书，甚至期刊、视频。

书目推荐包括新书推荐、主题书目推荐、借阅排行榜、知名人士荐书、馆员推荐，等等。在进行书目推荐或书展策划时，可体现以下特色：

（1）经典名著类阅读。如中英文名著、人物传记经典、分学科经典著作（如经济学、法学等）。

（2）体现时代特色。如知名大学校长荐书书展、新生推荐阅读书展。

（3）体现地域或学校特色。如“汉派作家”书展、清华人与清华大学书展、特色馆藏与藏书印展。

（4）体现专业特色。如医学主题书展、水利电力专业书展。

2. 真人图书馆

真人图书馆（Living Library）是读者“借”一个活生生的人交谈，获得更多见识的活动，起源于丹麦的哥本哈根。真人阅读有别于图书的优势在于它提供的真人书有丰富的生活经验，这种服务通常是读者在其他地方无法获得的。资料显示，国际上的真人书有球迷、治疗康复师、警察、素食者、新闻记者、外来移民、残疾人等各阶层的人选，他们都是志愿者。这些人要自愿且有能力将自己的人生经验、隐性生态资源与他人分享。另外，真人书和读者之间还要建立一种良好的沟通和理解关系，经常会面对面地探讨不同的生活方式、生活环境，这些话题都是读者之前从没有接触过的。从某种程度上来说，真人图书馆的使命不仅是让读者获取一些自己好奇的知识，还可以消除不同群体之间的歧视，增强人们的安全感，这也是人们阅读纸质图书所不太可能获得的最直接的感受。

3. 立体阅读活动

所谓立体阅读活动，是图书馆利用自身的设施条件和人才等综合性优势，结合实物陈列、图片展览、讲座、演出、组织读者进行相关文献阅读、与读者互动等多种形式于一体，全方位、多层次地宣传推广主题的一系列活动的总称。

（二）专题阅读活动

专题阅读活动可以根据不同的时机拟定主题，并在该主题下开展若干子活动，这些活动可以囊括前面所讲的常规活动。专题活动体量更大，内容更丰富，具有较强的冲击力，易于每年固定时间开展，容易形成品牌。

1. 世界读书日专题阅读活动

结合世界读书日开展阅读推广活动，是高校图书馆最传统、最广泛的推广方式，其活动的开展一般在“4·23”世界读书日前后，通常在读书日当天，或持续一周、一个月、两个月。读书节或读书日的阅读活动形式种类多样，从高校图书馆来看，近几年举办的活动基本集中在以下形式：一是讲座类或座谈会类（含小型读书会），如名师讲座、资源及服务讲座、读书沙龙、真人图书馆、读者座谈会、问卷调查等。二是书目推荐或展览辅导类，如推荐书目、现场书展、阅读推荐网站、爱书护书展览、阅读辅导等。三是比赛或评比类，如图书馆知识竞赛、设计大赛、摄影比赛、视频比赛、诵读比赛、微书评比赛、书画展、摄影展、管理之星评选、优秀读者评选。此外，还有影视欣赏、图书互换、图书漂流、社区阅读等。

2. 新生季导读活动

新生经历高考进入大学，有强烈的读书愿望，也有更大的自由选择自己喜欢的书。然而，面对图书馆海量的文献资源，他们会茫然不知所措。推荐馆藏并指导阅读，是针对大学新生的阅读推广的重要内容。图书馆要把握住新生刚入校，对一切怀有好奇心的时机，引导他们步入知识的殿堂，理清阅读脉络，形成明晰的阅读理念，为今后的专业学习、兴趣发展、素养培育打下良好的基础。高校图书馆一般在每年9月至10月的迎新季，开展针对新生的立体式导读服务。这些活动旨在让新生尽快了解图书馆空间、布局与功能，尽快熟悉图书馆资源与服务。迎新季通常包括以下活动：一是新生参观图书馆活动，包括个人及班级体验式参观、现场定时参观、学科馆员带领参观、网上虚拟参观等形式，这种参观让新生对图书馆有感性认识，是目前大多数高校图书馆均会开展的工作。二是开展新生入馆教育，包括建设迎新网页、发放新生指南、开展新生培训等。三是开展迎新书展。四是开展“书山寻宝”有奖问答活动，题目类型主要是关于图书馆馆藏及各种入门级利用方法和技巧。五是开展找书大赛。图书馆制作出内有索书号、书名、条码号的清单，学生组队查找图书，以查找图书的准确率和所用时长作为评比依据，其目的是让读者尽快学会通过联机公共目录查询系统（Open Public Access Catalogue，OPAC）找书，并熟悉图书馆的书籍排架体系。

3. 毕业季阅读活动

毕业季的大学校园充满了离别和伤感的情绪，因此毕业季主题活动成为高校阅读推广的一种重要形式，为校园文化建设增添了一抹书香雅韵。毕业季主题活动融合了寄语、征文、网络阅读、图书漂流等内容，是阅读推广活动的创新形式。

图书馆毕业季主题阅读活动为毕业生提供了心理疏导与情感抒发的平台，使图书馆变成与学生交流互动的活的文化载体，迎合了毕业生的心理和情感需求。目前有较多的大学举办毕业季主题活动，活动规模不尽相同，有的只开展一项具体活动，有的则开展系列活动，这些活动旨在体现人文关怀或进行毕业生职业指导，毕业季活动包括：①推出毕业感言或毕业墙。如南京大学图书馆推出图书馆“毕业季照片墙活动”。②为毕业生赠送图书馆爱心卡。例如，北京大学的“带走一份属于你自己的‘书·时光’毕业纪念卡”活动，上海交通大学图书馆推出“图海足迹书香留存”活动。③推出面向毕业生的专题书架。如清华大学图书馆推出“专题书架——年轻人，创业吧！”活动。④图书捐赠活动。号召毕业生将阅读过的好书、使用过的教材和参考书捐赠给图书馆，让书籍焕发新的生命。

（三）创意阅读推广活动

新型的阅读推广活动形式和内容，是吸引读者广泛参与的根本。因此，要不断丰富活动主题，挖掘出有创意的内容，促进图书馆与读者互动交流。有的高校图书馆在这方面进行了很好的尝试，可供借鉴。

郑州大学图书馆的“读书达人秀”，河南大学图书馆开展的晨读经典、经典吟诵等活动，均是对活动形式的创新。郑州大学图书馆“读书达人秀”活动融入时尚、竞赛、娱乐等诸多元素，将同学们的“读”“记”“悟”“行”进行有机结合，以创新的方式诠释读书的快乐。湖南省高校“一校一书——经典、精读、经世”活动，通过方案设计，评选“一校一书”精读图书，组织主题读书活动，撰写读书心得，举办校内初评，组织全省高校网评，进行总结评奖等，使活动深入化、品牌化。

在传统的活动形式上，挖掘新型活动内容，也可以起到很好的宣传效果。例如，北京大学图书馆“书读花间人博雅”好书推荐暨阅读摄影展，开展针对精选好书的“对比 + 模仿”形式的摄影展，以 12 位北京大学女生模仿西洋名画拍摄 30 幅读书图，充分展示知性优雅之美。

以游戏或闯关方式可增加阅读推广活动的趣味性。图书馆推广服务游戏化就是在用户的图书馆服务体验中增加游戏因素，其目的是利用游戏中的积分和等级奖励体系来鼓励用户使用图书馆。图书馆服务的游戏化不仅可以提高用户利用图书馆资源和服务的概率，还能使用户在游戏的过程中更为有效地解决现实中遇到的问题，且这个过程和以往相比更为有趣。在体验游戏化服务的过程中，原本看似简单枯燥的操作变得有趣，简单新鲜的使用过程促进了用户的参与和分享，提高了用户的关注度，用户在每一次使用过程中都可以感受到自己的进步，从而在整个过程中保持愉悦的状态。

高校图书馆近年来开始将游戏化引入阅读推广服务。清华大学图书馆推出“爱上图书馆之排架也疯狂”游戏，培训用户在书库中寻找和定位纸本图书。武汉大学图书馆推出“拯救小布新生游戏”，游戏通关则开通校园一卡通的使用。北京大学图书馆“网虫大闯关，玩转图书馆”活动，设立六道关卡，最短时间内完成全部任务的队伍可获得最终大奖。重庆大学图书馆2014年发布“我的书斋”任务系统，向读者提供集知识性与趣味性为一体的任务服务。这些活动都提高了读者的参与度，得到了读者的肯定和赞赏。

六、阅读推广活动策划的重点

高校图书馆阅读推广活动的目的是培养读者的人文素养，推介图书馆的资源服务，提高读者的综合素质。推广活动是保证读者阅读权利、提高读者信息素养的需要，也是发挥图书馆社会功能乃至构建学习型图书馆和学习型社会的需要。只有充分发挥阅读推广的作用，才能更好地改善读者的阅读现状，提高读者获取信息的能力。高校图书馆在阅读推广中要重视以下几点。

（一）做好顶层设计与规划

读者阅读习惯的养成、阅读文化的培育以及对资源服务的了解和充分利用，并不是搞几次突击式的活动就可以实现的。为了营造良好的读书氛围，树立图书馆文化建设的品牌，高校图书馆需制定或完善推广政策，保障阅读推广活动的开展。

高校图书馆要根据需求，规划推广活动的类型和规模。推广服务的本质是适应读者群的兴趣和接受方式，为读者提供更好的资源，让读者体验更好的服务，同时提供快速表达诉求的渠道。从高校图书馆目前开展的推广活动来看，存在很多同质化活动。要想吸引读者且有创新性和特色性，需要组织者多方调研，既要了解读者的需求和喜好，也要符合本馆的现实条件。新活动的实施需要较长时间的规划与设计才会成熟。根据学生入学时间和学习规律，春季学期推广阅读，秋季学期推广资源和服务较为适宜。

（二）策划时要考虑活动的持续性与品牌性

从高校图书馆文化活动来看，各种活动各有侧重。如书展、阅读征文、读书沙龙、微书评、诵读比赛等有利于深化阅读；名师讲座、推荐书目、信息培训、知识竞赛等彰显了教育使命，保障了信息的获取；优秀读者评选、读者座谈会、爱书护书宣传、图书互换、图书漂流、问卷调查、读者沙龙等可以营造和谐的图书馆关系；艺文展览（包括书画展、摄影展）、设计比赛、视频比赛、影视欣赏等则可以提高人文素养和艺术鉴赏力。

在策划活动时，要充分考虑活动的可持续性和品牌建设。品牌塑造，可提高活动的“吸睛度”。图书馆利用自身资源、服务或人力优势，建设独具特色的文化活动，形成图书馆常规活动，达到让读者耳熟能详的目的，就可形成品牌。品牌文化活动会提升读者的参与度，增加互动性，对培养良好的读者群体具有积极意义。各图书馆都着力打造自己的推广品牌。例如，清华大学图书馆的“爱上图书馆”系列、武汉大学图书馆的“拯救小布”系列游戏、同济大学图书馆的立体阅读、重庆大学图书馆的“不见不散毕业生歌会”以及“文化衫设计大赛”、郑州大学图书馆的“读书达人秀”、湖南大学图书馆的“一校一书”精读推广活动等，均成为各馆着力打造的品牌。设计、推广、传播，进行持久的传播推广，都是在持续地提升品牌形象，增加品牌价值。

（三）重视阅读推广活动的人文关怀

图书馆是人类的精神家园，图书馆的人文关怀就是要在图书馆中营造良好的人文氛围，策划要多站在大学生的角度思考问题，倾注人文情愫，体现人文关怀。

名师讲座作为接受继续教育、吸收知识、交流信息、品味高雅文化的社会课堂，体现图书馆的人文关怀，以精神养料丰富其休闲生活。

形式多样的导读和推荐书目工作引导学生多读人文经典书籍，起到塑造人格、陶冶情操、感悟教化的作用。诸多图书馆开展人文书展，都丰富了校园文化内涵。

图书馆要对新生及时介入，让新生参观图书馆，做好入馆宣传教育，及时制作供新生快速入门的引导性网页，开发适应新生特点的轻松活泼的答题寻宝方式，引导新生主动了解图书馆的资源和服务，熟悉图书馆的环境，激发对图书馆的兴趣和喜爱。图书馆对新生读者的这种人文关怀，能让他们尽快了解图书馆，主动来图书馆阅读，创造相互信任和理解的关系，为图书馆更好地开展服务打下良好的基础。毕业时节，图书馆开展一系列毕业季人文关怀活动，让莘莘学子带着图书馆的知识和祝福走向新的人生征程，洋溢着浓厚的人文关怀。

（四）善用新技术与新媒体

在阅读推广过程中，新技术的应用随处可见。新技术不仅为推广活动注入了新的活力，也使推广活动更前瞻高效。社交网络服务和大数据服务是其典型代表。

社交网络服务通过用户之间的分享、参与及互动，改变了用户获取信息的方式。众多图书馆加入社交网络，为图书馆拓展服务提供了更多的途径，也为读者获取信息提供了更多便利。微博、微信等社交网络服务都是新媒体环境下图书馆服务的延伸。不少图书馆在各大门户网站认证的微博，成为图书馆与图书馆、图书馆与用户之间的良好平台。微信公众平台在消息推送、即时阅读、自助服务方面具有很强的优势，作为推广阅读和提升品牌影响力的重要工具，越来越受图书馆界的重视。通过微博和微信，图书馆发布的与阅读推广相关的信息有图书馆推广活动公告和前期宣传，讲座、培训等信息通告，新书通报、好书推荐，艺文展览，宣传活动互动及速递，宣传活动总结等。目前，很多图书馆均将微博和微信联动使用，将活动以图文及音视频形式进行报道，这对互动量和关注量都起到了极强的拉动作用。

大数据时代的到来，使图书馆对读者的阅读需求、阅读行为、阅读情绪和阅读满意度的细节化测量成为可能。图书馆若对所采集的读者阅读行为数据和社会关系数据进行有效分析，并能在复杂、零乱的数据背后准确发现、预测出读者的阅读行为习惯、喜好和需求，则会为规划和设计更好的阅读推广策略打下基础。大数据在图书馆中的应用，还体现在为读者定制读者使用分析报告，制作毕业生利用图书馆报告以及为每位毕业生制作属于自己的图书馆生活纪念册。

从目前的图书馆推广工作来看，图书馆对技术与设计人才的要求越来越高。要打造“酷炫”的效果，就需要先进的技术和精致的设计支持。无论是开发游戏或移动客户端，还是机器人的智能功能，都对技术和设计的需求越来越高。技术和设计二者需要密切配合，才能相得益彰。

（五）通过合作推动阅读推广活动实现跨越性提升

阅读推广活动要办好，仅靠图书馆一家甚至图书馆内某一部门、某一人之力是不够的，只有利用广泛的合作，对资源进行优化整合，才能推动阅读推广活动实现跨越性发展和提升。

推广活动主要由图书馆组织和发起，首先需要建设一支专业素质过硬、精神面貌良好的阅读推广人员队伍，如活动设计、宣传品设计、网页建设等人员，使推广活动能以海报、电子屏、网页等各种精美形式及时呈现，达到立体宣传目标，保障推广活动的互动参与性。

由于高校图书馆推广活动面向的读者类型多样，个性化需求明显，所以除需要进行充分的馆内合作外，还需要其他部门的通力合作，如宣传部、团委、教务部门及各院系等，并邀请学校有影响力的专家教授，定期为读者提供专业领域图书的阅读指导，交流阅读体会及经验，形成强大的校园影响力，广泛促进高校学生阅读。

学生会、学生社团是最能够贴近学生读者的组织，在开展活动中有较好的亲和力和感召力，而且学生社团中有各种专长的学生，对阅读推广活动起到人力支持作用，可推动校内阅读组织的成长和壮大，可以把读书会、读书沙龙等纳入整个图书馆阅读推广体系，壮大阅读推广队伍。

第五节　阅读推广活动评价

一、高校阅读推广活动评价的意义

高校阅读推广活动仍普遍存在两类问题：第一，活动效果参差不齐。一些活动的收效较花费的人力、物力来说，不尽如人意。有的活动影响面较小，有的活动强拉学生参与，甚至引起学生的反感。第二，活动缺乏系统性和常规性。活动的形式虽然多种多样，但图书馆在举办活动时比较随意，系统性不够，常规性不够。因此，有必要对现有的高校阅读推广活动进行梳理，探讨这些阅读推广活动的特点和关系，对图书馆整体的阅读推广活动进行总体评价，从而让高校图书馆能够响应大学生的阅读需求，结合自身的特点，既能打造阅读推广活动的品牌，又能系统地提升阅读推广活动的效果。

中国图书馆学会网站发布了《大学生阅读暨高校图书馆阅读推广问卷调查报告（2010）》，该报告由中国图书馆学会阅读推广委员会、大学生阅读委员会、阅读与心理健康委员会联合完成。报告认为：高校图书馆阅读推广活动，采取的组织方式主要有 14 种：读书征文比赛、图书推介、名家讲座、图书捐赠、读书有奖知识竞赛、图书漂流、精品图书展览、经典视频展播、读书箴言征集、名著影视欣赏、馆徽设计征集、名著名篇朗诵、品茗书香思辨赛、评选优秀读者。经典视频展播和名著影视欣赏可以看作一种活动；馆徽设计征集基本上是一次性的行为，不能算作常规活动，故排除在外。所以该报告指出的活动应该是 12 种，加上对一些高校图书馆的阅读推广活动的总结，可以让要评价的阅读推广活动又加上 5 种：污损图书展览、书法作品选（展览）、书签设计、校园阅读（风景）摄影比赛（展览）、读书节启动仪式和闭幕仪式，共 17 种。应该说高校阅读推广活动不限于此 17 种，名称也不尽相同，本书的评价方法对其他阅读推广活动形式同样适用。

二、高校阅读推广活动评价的指标

对阅读推广活动的评价，王波认为“转换研究视角，从读者的角度，用实证方法来评估和重新设计阅读推广活动的研究几乎没有”。他指出，应该从两方面来设计阅读推广活动的指标体系，一是基于图书馆的阅读推广活动评价指标；二是基于读者的阅读推广活动评价指标。杨婵觉得对阅读推广活动的评价，还没有深入对活动客体、读者的心理和读者的收获进行研究，没有对活动自身的运动规律进行研究。评价阅读推广活动的效果，最终仍要归结于读者，即读者的阅读收益和满意度。但这两个指标不易量化，仍需要扩展。阅读推广活动的主要参与者为图书馆和读者，因此阅读推广活动的效果，与读者认可度、图书馆重视程度、馆藏以及其他因素，如图书馆内外合作程度、整体服务水平、阅读环境的净化与美化等有重要关系，对四种主要因素的细分和调整。

为了降低问卷调查的复杂程度，提高问卷调查的可执行性，在问卷设计时，对于单一的阅读推广活动，按照大学生和阅读推广活动负责人进行分类，对阅读活动评价指标简化。在大学生方面，评价指标分为三方面：读者参与广度（读者参与数量、读者读书兴趣是否增加、读者到馆时间是否增加）；读者参与深度（是否需要或培养了专项知识或能力、读书的数量是否增加、读书的时间是否增加、是否增加了新的知识）；图书馆方面，评价指标为图书馆针对单一活动的重视程度，即投入的时间、投入的人力、投入的财力、投入的物力、图书馆与本单位其他部门合作的数量、图书馆与外单位合作的数量，共六个指标。

三、阅读推广活动评价的内容与方法

为了进一步做好阅读推广活动，应当在更大范围内广泛收集有关阅读推广活动的评价文献，收集一项组织活动、一类管理活动、一个社会活动的系统性评价指标的相关文献并进行汇总，借鉴信息系统的评价方法、管理活动的评价方法、社会活动的评价方法，结合复杂系统、多层次系统的综合评价方法，提出完整的阅读推广活动的评价指标体系，并根据不同类型的读者（或人群），进行问卷调查、实地访谈、观察活动场所，调查针对相应的阅读推广活动，进行实证研究，从而再次修改阅读推广活动的指标体系，使之更加具有可行性和科学性。

基于上述研究和实证，这里提出阅读推广活动的改善策略和途径，以及基于个人需求和面向社会的一套阅读推广活动的整合方案。

从单个阅读推广活动的评价指标构建开始，进行实证研究，再层层推进，评价某单位某时间段的阅读推广活动整体效果，再上升到某区域的阅读推广活动的总体评价指标体系的构建和实证研究。阅读推广活动评价的总体框架，就是建立一个科学、连续、动态、多层次、系统、综合的阅读推广活动评价指标体系和实证反馈体系。

目前的阅读推广活动的评价相关研究，还没有一个系统的定性和定量的描述，也没有一个对某组织的跨越时间段的整体阅读推广系列活动的评价，更没有一个覆盖某区域的阅读推广活动的综合评价。同时，读者反映的所接收到的阅读推广活动对其心智影响的前后对比，也是阅读推广活动评价中不可或缺的部分。

基于此，这里提出一个阅读推广活动评价的总体框架：针对某个阅读推广活动的评价指标体系并实证研究；提出某个单位在一个阶段举办的阅读推广活动的总体评价指标体系并实证研究；提出某个区域的某阶段举办的阅读推广活动的整体评价指标体系并实证研究。在实践上，可以立足于某单位，对该单位的阅读推广活动进行单个活动以及整体的评价，再扩展到某城市、某省份或中国某行业的总体阅读推广活动，进行总体评价。

对阅读推广活动的评价并非要脱离阅读推广活动本身，或凌驾于阅读推广活动之上，而是要深入研究目前阅读推广活动存在的多种多样的表象后形成的机理，更加细致地研究构成阅读推广活动的要素，提出更多符合读者需求的阅读推广活动方式，进一步进行评价，从而把阅读推广活动推向更深、更广的层次。

第七章 大数据背景下的阅读推广策略

第一节 大数据环境

一、大数据概念

最早提出“大数据”时代到来的是全球知名咨询公司麦肯锡。该公司在《大数据创新、竞争和生产力的下一个前沿领域》报告中称“数据，已经渗透到当今每一个行业和业务职能领域，成为重要的生产因素，人们对于海量数据的挖掘和运用，预示着新一波生产率增长和消费者盈余浪潮的到来”。其对大数据的定义是大数据指的是大小超出常规的数据库工具获取、存储、管理和分析能力的数据集。同时强调，并不是说一定要超过特定 TB 级（太字节，1TB=1024GB）的数据集才能算是大数据。大数据是云计算、物联网之后行业又一大颠覆性的技术革命。

（一）大数据的定义

“大数据”需要新处理模式才能具有更强的决策力、洞察发现力和流程优化能力的海量、高增长率和多样化的信息资产。这是某一研究给出的关于大数据的定义。

大数据技术的战略意义不在于掌握庞大的数据信息，而在于对这些含有意义的数据进行专业化处理。换言之，如果把大数据比作一种产业，那么这种产业实现盈利的关键，在于提高对数据的“加工能力”，通过“加工”实现数据的“增值”。

总的来说，大数据是指无法在一定时间内用常规软件工具对其内容进行抓取、管理和处理的数据集合。

（二）大数据的来源

大数据集通常是PB（拍字节，1PB=1024TB）或EB（艾字节，1EB=1073741824gb）的大小，这些数据集有各种各样的来源，包括传感器、气候信息、公开的信息等，如杂志、报纸、文章，还包括购买交易记录、网络日志、病历、军事监控、视频和图像档案，及大型电子商务等。当前，根据来源的不同，大数据大致分为如下几种类型。

1. 来自人类活动

人们通过社会网络、互联网、健康、金融、经济、交通等活动过程所产生的各类数据，包括微博、病人医疗记录、文字、图形、视频等信息。

2. 来自计算机

各类计算机信息系统产生的数据，以文件、数据库、多媒体等形式存在，也包括审计、日志等自动生成的信息。

3. 来自物理世界

各类数字设备、科学实验与观察所采集的数据，如摄像头所不断产生的数字信号，医疗物联网不断产生的人的各项特征值，气象业务系统采集设备所收集的海量数据等。

（三）大数据的特点

1. 数据体量巨大

百度资料表明，其新首页导航每天需要提供的数据超过 1.5PB（1PB=1024TB），这些数据如果打印出来将超过 5000 亿张 A4 纸。有资料证实，到目前为止，人类生产的所有印刷材料的数据量仅为 200PB。

2. 数据类型多样

现在的数据类型不仅是文本形式，更多的是图片、视频、音频、地理位置信息等多类型的数据，个性化数据占绝对多数。

3. 处理速度快

数据处理遵循“1 秒定律”，可从各种类型的数据中快速获得高价值的信息。

4. 价值密度低

以视频为例，一小时的视频，在不间断的监控过程中，可能有用的数据仅仅只有一两秒。

（四）大数据的作用

1. 对大数据的处理分析正成为新一代信息技术融合应用的结点

移动互联网、物联网、社交网络、数字家庭、电子商务等是新一代信息技术的应用形态，这些应用不断产生大数据。云计算为这些海量、多样化的大数据提供存储和运算平台。通过对不同来源数据的管理、处理、分析与优化，将结果反馈到上述应用中，将创造出巨大的经济和社会价值。大数据具有催生社会变革的能量。但释放这种能量，需要严谨的数据治理、富有洞见的数据分析和激发管理创新的环境。

2. **大数据是信息产业持续高速增长的新引擎**

面向大数据市场的新技术、新产品、新服务、新业态会不断涌现。在硬件与集成设备领域，大数据将对芯片、存储产业产生重要影响，还将催生一体化数据存储处理服务器、内存计算等市场。在软件与服务领域，大数据将引发数据快速处理分析、数据挖掘技术和软件产品的发展。

3. **大数据利用将成为提高核心竞争力的关键因素**

各行各业的决策正在从“业务驱动”转变为“数据驱动”。对大数据的分析，可以使零售商实时掌握市场动态并迅速做出应对，可以为商家制定更加精准有效的营销策略以提供决策支持，可以帮助企业为消费者提供更加及时和个性化的服务；在医疗领域，可提高诊断准确性和药物有效性；在公共事业领域，大数据也开始发挥促进经济发展、维护社会稳定等方面的重要作用。

4. **大数据时代科学研究的方法手段将发生重大改变**

例如，抽样调查是社会科学的基本研究方法。在大数据时代，可通过实时监测、跟踪研究对象在互联网上产生的海量行为数据，进行挖掘分析，揭示出规律性的东西，提出研究结论和对策。

（五）大数据技术

大数据处理技术正在改变当前计算机的运行模式，正在改变这个世界。它能处理几乎各种类型的海量数据，无论是微博、文章、电子邮件、文档、音频、视频，还是其他形态的数据，它实时、高效、可视化呈现结果。它依托云计算将计算任务分布在大量计算机构成的廉价的资源池上，使用户能够按需获取计算资源、存储资源、网络资源和信息服务。云计算技术的应用使得大数据处理和利用成为可能。大数据作为信息金矿，对其采集、传输、处理和应用的相关技术就是大数据处理技术，是一系列使用非传统的工具来对大量的结构化、半结构化和非结构化数据进行处理，从而获得分析和预测结果的一系列数据处理技术，简称大数据技术。

二、大数据管理

（一）大数据的发展

1. 运营式系统阶段

数据库的出现使得数据管理的复杂度大大降低，实际中数据库大都为运营系统所采用，作为运营系统的数据管理子系统，比如，超市的销售记录系统、银行的交易记录系统、医院的医疗记录等。人类社会数据量第一次大的飞跃正是建立在运营式系统开始广泛使用数据库，这个阶段最主要的特点是数据往往伴随着一定的运营活动而产生并记录在数据库中。这种数据的产生方式是被动的。

2. 用户原创内容阶段

互联网的诞生促使人类社会数据量出现第二次大的飞跃，但是真正的数据爆发产生于第二代互联网时代，而第二代互联网最重要的标志就是用户原创内容。这类数据长期以来持续呈现爆炸性的增长，主要有两方面的原因：首先是以博客、微博为代表的新型社交网络的出现和快速发展，使得用户产生数据的意愿更加强烈；其次就是以智能手机、平板电脑为代表的新型移动设备的出现，这些易携带、全天候接入网络的移动设备使得人们在网上发表自己意见的途径更为便捷，这个阶段数据的产生方式是主动的。

3. 感知式系统阶段

人类社会数据量第三次大的飞跃最终导致了大数据的产生，这次飞跃的根本原因在于感知式系统的广泛使用。随着技术的发展，人们已经有能力制造极其微小的带有处理功能的传感器，并开始将这些设备广泛地布置于社会的各个角落，通过这些设备来对整个社会的运转进行监控。这些设备会源源不断地产生新数据，这种数据的产生方式是自动的。

简单来说，数据的产生经历了被动、主动和自动三个阶段。这些被动、主动和自动的数据共同构成了大数据的数据来源，但其中自动式的数据才是大数据产生的最根本原因。

（二）大数据的处理

1. 流处理

流处理的基本理念是数据的价值会随着时间的流逝而不断减少，因此，尽可能快地对最新的数据做出分析并给出结果是所有流数据处理模式的共同目标。需要采用流数据处理的大数据应用场景，主要有网页点击数的实时统计、传感器网络、金融中的高频交易等。

流处理的处理模式将数据视为流，源源不断的数据组成了数据流。当新的数据到来时，就立刻处理并返回所需的结果。

2. 批处理

批处理，也称为批处理脚本。顾名思义，批处理就是对某对象进行批量的处理。大数据管理的核心思想主要是将问题分而治之，把计算推导数据而不是把数据推导计算，有效地避免数据传输过程中产生的大量问题。无论是流处理还是批处理，都是大数据处理的可行思路，大数据的应用类型很多，在实际的大数据处理中，常常并不是简单地只使用其中的某一种，而是将二者结合起来。

（三）大数据的分析

大数据的价值产生于分析过程，从异构数据源抽取和集成的数据构成了数据分析的原始数据，根据不同应用的需求可以从这些数据中选择全部或部分进行分析。传统的分析技术，如数据挖掘、机器学习、统计分析等在大数据时代需要做出调整，因为这些技术在大数据时代面临着一些新的挑战。

1. 数据量大并不一定意味着数据价值的增加

数据量大并不一定意味着数据价值的增加，相反，这往往意味着数据噪声的增多。因此，在数据分析之前必须进行数据清洗等预处理工作，但是预处理如此大量的数据对于机器硬件以及算法都是严峻的考验。

2. 大数据时代的算法需要进行调整

首先，大数据的应用常常具有实时性的特点，算法的准确率不再是大数据应用的最主要指标。很多场景中算法需要在处理的实时性和准确率之间取得一个平衡。其次，云计算是进行大数据处理的有力工具，这就要求很多算法必须做出调整以适应云计算的框架，算法需要变得具有可扩展性。最后，在选择算法处理大数据时必须谨慎。当数据量增长到一定规模以后，可以从小量数据中挖掘出有效信息的算法并不一定适用于大数据。

3. 数据结果好坏的衡量

数据结果好坏的衡量也是数据分析面临的一个重要问题。得到分析结果并不难，但是结果好坏的衡量却是大数据时代数据分析的新挑战。大数据时代的数据量大、类型庞杂，在进行分析时往往对整个数据的分布特点掌握得不太清楚，这会导致最后在设计衡量的方法以及指标时遇到诸多困难。

三、大数据时代

当前的社会是一个数据无处不在的时代，一方面，人们在生活、学习与工作中产生了大量的数据，如记录于数据库中的学习记录、产生于手机终端的信息行为等数据；另一方面，人们也依赖于大量的数据去支撑工作、学习和生活，如基于大量实验数据的科学分析、基于数据统计的趋势展望等，社会也由此进入了一个数据类型多样、来源丰富、数量庞大、价值巨大的大数据时代，对数据的获取、管理与应用也成了大数据时代人们必备的技能素养之一。

（一）大数据与数据素养

大数据时代，数据将充斥在人们的生活环境、学习环境和工作环境中。例如，在学术研究环境下，人们所利用的研究资料、实验过程等都以数据的形式存在，而科学研究也主要以对这些数据的研究如发展规律、呈现态势等而存在，进而形成了以对大量数据的存储、检索、组织和利用为特征的数据密集型科研环境。密集型数据环境的形成发展在推动社会发展的同时，但也对民众的技能素养等提出了更高的要求，比如，如何实现对大量、异构数据的组织、分析和利用，如何保护涉及个人隐私的数据等。数据素养概念是对媒介素养、信息素养等概念的一种延续和扩展，至少包括以下五方面的维度：对数据的敏感性，数据的收集能力，数据的分析、处理能力，利用数据进行决策的能力，对数据的批判性思维。可以说，在以计算机、网络的利用为主要特征的信息时代，人们需要具有满足信息社会发展步伐的信息素养，如具备一定的信息检索、信息组织等技能；而在大数据时代，民众则需要具备大数据时代社会发展需求、相比较信息素养要求更高的特殊素养，如具备一定的数据组织、数据分析技能。

（二）大数据时代的变革

1. 人类思维方法、行为方式的改变

在小数据和模拟数据时代，人们总是强调"为什么"来认识世界。物理、化学等自然科学里，科学家要在实验室通过反复试验来检验理论或定律为什么是正确的；天文学等学科则根据理论来推测现象，或根据历史数据来验证。只有理论与数据验证一致，才算揭示了现象背后的因果关系，才算回答"为什么"。

在大数据时代，人们更多强调的是"是什么"的问题，也就是寻找事物背后的相关关系。譬如说，研究人员利用大数据，不是试图弄懂发动机抛锚或药物副作用消失的确切原因，研究人员可以收集和分析大量有关此类事件的信息及一切相关素材，找出可能有助于预测未来事件发生的规律。在大数据时代，人的行为方式也将发生某种程度的变化。以往一般都是先想好要解决什么问题，再去获取相应的信息。而到了大数据时代，思维方式就变成了先尽可能多地占有信息，遇到问题时再从这海量信息中去"挖掘"解决方案。

2. 企业经营方面的变革

（1）大数据正在改变企业的营销手段。企业的传统营销手段是集中推销和各种广告宣传，更原始的办法是用大量的劳动力来发传单推销产品。而在大数据时代，企业可以充分利用大数据进行精准高效与低成本营销。

（2）大数据正在影响企业管理决策。大数据下决策的技术含量、知识含量大幅提高，对大数据的有效利用成为企业决策的关键，因此管理大量的数据是个挑战，如果不能找到数据，企业就可能不会收集数据，这些数据就会被丢失掉。大数据时代不仅要求企业具有搜集、分析数据的能力，更需要企业具有处理、利用这些数据的能力。

3. 公共部门服务管理的变革

大量的事实表明，大数据在政府和公共服务领域的应用，可以有效地推动政务工作的开展，提高政府部门的决策水平，产生巨大的社会价值。

第二节　大数据背景下的阅读及阅读推广

模式是指从生产经验和生活经验中经过抽象和升华提炼出来的核心知识体系。简单来说，它就是解决某一类问题的方法论，把解决这类问题的方法总结归纳到理论高度，那就是模式。阅读推广模式就是在阅读推广工作中，通过实践形成并证明是非常有效地解决有关问题的办法，是具有活动主题、操作方法、运行程序和效果测评等一系列核心问题的指示体系。阅读推广工作必须借助媒体平台才能正常运行，在大数据环境下，随着数据信息的爆炸式增长，更需要借助相关媒体来更好地进行阅读推广。

一、大数据背景下的阅读

（一）我国的大数据时代

大数据时代是数字化时代的延伸，数字化时代就是通常所说的运用计算机将生活中的信息转化为 0 和 1 的过程，是信息领域的数字技术向人类生活各个领域全面推进的过程。通信领域包括大众传播领域内的传播技术手段以数字制式全面替代传统模拟制式的转变过程。数字化时代是一个伟大的时代，尤其是传媒领域通过计算机存储、处理和传播的信息得到最大速度的推广和传播，数字技术已经成为当代各类传媒的核心技术和普遍技术。大数据时代有着 4V 的特点，即规模性（volume）、多样性（variety）、高速性（velocity）和价值性（value）。

中华民族有五千多年连绵不断的文明史，博大精深的中华文化为人类文明进步做出了不可磨灭的贡献。独特的文化传统，独特的历史命运，独特的基本国情，注定了必然要走适合自己特点的发展道路。在这样一个时代，我们应该顺应信息技术的发展，推动教育变革和创新，构建网络化、数字化、个性化、终身化的教育体系，建设“人人皆学、处处能学、时时可学”的学习型社会。

（二）大数据时代阅读的特点

1. 阅读内容的特点

“阅读内容”即“读什么”，在大数据时代，媒体在技术驱动下正在重塑传媒与传播，这包括社交传播的力量、自媒体的力量，还有个性化推荐的力量。从挑战角度来讲，有可能带来这样一种现象由于人性中对娱乐、消遣、八卦、猎奇的喜好，自媒体生产的大量在真实、客观、权威、全面等关键指标领域远不如传统机构媒体的内容，在个性化推荐与社交化传播的合力下，反而得到了更大范围的传播。

人们每天接受了越来越多耸人听闻的，以及大量有意思但是没有意义的内容。在这样的情况下，每个人都可成为信息生产者，也可成为信息消费者，这种从生产到消费的过程与传统媒介不同，没有设置信息安检员，信息质量堪忧，庞大的数据流背景下，人们寻找阅读内容的过程变得烦冗不堪，有价值信息如何被发现更具研究价值。大数据时代人们读什么成为阅读的核心。

2. 阅读方式的特点

“阅读方式”就是“怎么读”，目的是“善读书”。受数字媒介迅猛发展的影响，传统的阅读模式已经不是唯一的阅读模式，即时在线浏览随着时代的发展逐步成为主流阅读模式，阅读进入了“数字化”时代。相较传统纸质阅读，数字媒介阅读有许多优点。首先，从阅读效果看，它将图片、声频、视频、文字等一切可以利用的介质有机地融合在数字的“书”中，使原本呆板的“文字”变得灵动，还原具体环境与场景，帮助读者理解，有利于吸引读者。其次，数字化书籍容量大、成本低、易于携带且传播快。最后，阅读方式便利，可随时随地用手机等移动数字设备阅览感兴趣的文献信息，最大限度地满足阅读愿望。

3. 阅读环境的特点

“阅读环境”即“在哪儿读”，大数据时代“阅读环境”包括物理空间或者实体环境、阅读氛围，还包括虚拟环境。“阅读环境”的好坏应从便利性、舒适性、可交流性来评判。大数据时代，人们不必辗转于书店或图书馆就能方便地在网上获取文献信息。阅读平台提供读者交流互动平台，阅读不再只是个人与书本间的点对点的单向获取信息方式，而是通过互动平台引入对话机制，使信息获取转化为点对面的群体社交式。在虚拟的世界里便于各抒己见，利于信息分享与传播。

二、传统的阅读推广

（一）传统的媒体模式

传统的媒体模式就是运用户内外广告、墙报、宣传栏和广播、报刊等传统媒体开展阅读推广活动而形成的成功方法，如图书推介、读书活动、阅读交流、图书馆论坛和图书馆教育等。随着新媒体的发展以及跨媒体阅读的普及，传统的阅读推广模式也在不断创新和发展。

（二）图书推介

图书推介就是把图书推荐给读者，让读者了解图书并接受图书的阅读推广活动。图书推介是以图书或新图书为标本，通过对其内容、特色的介绍让读者知晓自己的需要，从而最快也最准确定位自己的图书选择。它是最简单、最直接也最有效的阅读推广方式，有书目推荐、新书介绍、样书展示、图书评介、现场签售等推介形式。

1. 书目推荐

推荐书目也称导读书目、举要书目、选读书目、必读书目或劝学书目，是针对一定的读者对象，对某一专门问题的文献经过精心选择而编成的书目，供读者学习某门知识或了解某一事件，也包括为配合专业学习和研究而编的专业阅读书目。

推荐书目不仅引导读者读哪些书，指明读书的先后次序，还进一步指导怎样阅读。当前的书目推荐主体，既有专家学者，也有政府部门、社会团体、图书馆、高校等非营利组织，还有商业性出版社、网站和职业推广人。由此导致推荐书目的类型增加、数量“泛滥”、倾向性重归多元。由于信息技术的发展，推荐载体和推荐方式的进步正在弥补传统书目之更新不足的弊端。有学者从“消除网络信息迷航”的功效出发，将学科导航和专业搜索引擎也作为推荐书目的变体。

2. 新书推介

新书推介就是把最新出版的图书推荐介绍给读者，让新书得到读者的认可，尽快获得社会效益。这种阅读推广活动的成功开展，主要要求新书要新、推荐要快、介绍要明。

（1）新书要新。新书的最大价值在于“新”。所谓“新”，首先是新近出版的，出版的时间越近越好，一般为半年左右才堪称“新”；其次是内容新，新书应该是自然科学、社会科学领域的作者最新研究成果，或人文学科作者最新创作的艺术作品，是人类智慧的最新结晶；最后是书的品相新，新的印刷、新的装帧、新的面貌。“新”是阅读推广的“拿手好戏”，也是最吸引读者眼球的亮点。

（2）推荐要快。阅读推广者一定要建立畅通的信息网络，最敏感、最准确地捕捉出版信息，筛选出最适合自己读者群的新书，在第一时间发布消息。在新书推介活动中，谁最抢占先机，谁就是赢家。

（3）介绍要明。新书的推出并让读者毫无障碍地接受，必须依赖于介绍。介绍新书，要抓住新书的主旨内容、特色之处。介绍的策略是结合受众的特点来抓住读者的阅读欲望，必要的时候也可以打作者牌、背景牌，增强吸引力；介绍的内容必须简明扼要，既抓住要点，又留有悬念，让读者欲读不能、欲罢不已。

（三）读书活动

阅读推广工作的终极目标是让更多的人读更多的读书，从这个意义上说，读书活动是直接指向阅读推广终极目标的，其结果是具有显著效果的。

读书活动，以读书为活动主体项目和重要内容，让读者在“读”的过程中，更加走近图书，从而热爱阅读，并能长久地阅读。传统读书活动有读书月或读书节、读书沙龙、读书演讲和读书征文等。

1. 读书月

读书月是以促进图书阅读为主要目的的阅读推广活动，就是选择某一个特定的日期或时期，开展一系列的阅读推广活动。比如，每年 4 月 23 日的“世界读书日”，也可设置为以此为起点、中点或终点的读书周、读书月、读书节活动。

2. 读书沙龙

读书沙龙是一种相对讲座而言更轻松活泼的书友交流聚会方式，是由热爱读书者聚集而开展的阅读交流活动。它以交流阅读经验、分享阅读成果为目的。读书沙龙的举办有多种形式，如读者自发举办，媒体组织举办，或由图书馆、出版社、书店、民间协会组织举办。

（1）自发举办的读书沙龙。读者有相同的阅读兴趣或阅读取向，经常围绕某一个主题、题材，甚至某一作者的作品、某一本著作开展阅读交流或讨论。

（2）媒体举办的读书沙龙。一般是围绕一个较为重大的选题、有影响力的作者或作品，邀请作家、媒体评论家、学者、读者等代表参加讨论，以推广重要作家作品，引导社会阅读取向，引起社会高度关注，同时提升媒体的影响力和使用率。

（3）图书馆开展的读书沙龙。以聚合同类读者为主要方式，研讨相同或相似的阅读问题，以促进读者之间的交流。

（4）出版社和书店开展的读书沙龙。针对某一类热门素材或者某些畅销书籍，以提高公众读者的关注度，促进图书的销售，既提高经济效益，也有社会效益。相对读书月而言，读书沙龙更具有随机性、应时性、专题性等特征，并且它的参与对象是有一定阅读品位和知识水平的读者以及部分高端人群。所以，读书沙龙更重视学术性。

三、大数据环境下的阅读推广

（一）信息技术与阅读推广

1.信息技术环境

当前的信息技术环境已经给阅读推广提供了足够的支撑，如云计算、平板电脑、智能手机、微博、微信、社交网络、游戏式学习、体感技术、二维条形码、在线教育等。这些基本上都可以应用于阅读推广工作，而在技术平台的应用上，越来越向移动互联网和云平台发展。

（1）覆盖面广。传统的阅读推广活动，如经典导读讲座、读书分享会，参与者往往只有几十、上百人，而通过信息技术构建的阅读平台，可以达到上万读者参与，不仅包括图书馆的正式读者，还可以面向社会公众、图书馆同行等，阅读推广的实际效果非常明显。

（2）效率高。工作效率高，通过信息技术构建的阅读推广系统和平台，一方面通常能完成整个阅读推广活动的读者报名、推广活动、统计分析等工作，馆员不需要每个过程都介入，今后还能重复使用，因此工作效率高；另一方面，系统可以轻松将活动的各个环节的信息告知全体读者，推广效率高。

（3）对读者吸引力大。通过多媒体、大数据分析、虚拟现实、在线游戏等方式构建的阅读推广活动，或者通过微博、微信等新媒体平台进行推广，正是读者关心和经常利用的技术方式，因此对读者的吸引力更大，参与度更高。

2. 信息技术阅读推广模式

（1）大数据理念推广模式。随着大数据技术的飞速发展和其在社会各领域的广泛渗透，图书馆作为知识与信息的集散地，正积极拥抱这一变革，将大数据理念深度融入阅读推广的各个环节，形成了独具特色的基于大数据理念的阅读推广模式。以下是该模式在内容层面的丰富与拓展：

①个性化阅读推荐系统：利用大数据分析技术，图书馆能够深入挖掘用户的借阅历史、浏览行为、偏好标签等多维度数据，构建用户画像。基于这些画像，图书馆可以为用户量身打造个性化的阅读推荐列表，包括书籍、文章、视频等多种形式的内容，从而极大地提升用户的阅读体验和满意度。

②阅读趋势预测与分析：通过大数据分析，图书馆能够洞察阅读市场的最新动态，预测未来一段时间内可能流行的阅读主题、体裁或作者。这不仅有助于图书馆及时调整馆藏结构，采购更符合读者需求的资源，还能引导社会阅读风尚，促进文化繁荣。

③社群化阅读交流平台：基于大数据分析，图书馆可以识别具有相似阅读兴趣或需求的用户群体，并为他们搭建线上或线下的社群化阅读交流平台。这些平台不仅促进了读者之间的交流与分享，还激发了更多的阅读灵感和创造力。

④智能化服务场景构建：大数据与物联网、人工智能等技术的结合，使得图书馆能够构建更加智能化的服务场景。例如，通过智能导航帮助读者快速找到目标书籍，利用智能机器人提供咨询解答服务，以及通过虚拟现实（VR）和增强现实（AR）技术打造沉浸式阅读体验等，这些都

极大地丰富了阅读推广的形式和内涵。

（2）游戏式推广模式。游戏式推广因其强有力的参与性优势，创新了图书馆阅读推广的内容，成为图书馆界的一股新鲜活力。游戏式推广通过设计多样性和互动性的网络游戏来与读者进行沟通，各种游戏通过有趣、个性化的互动设计，既能引起读者的兴趣，又能把图书馆的阅读推广信息推送给读者，收到了极好的效果。

例如，武汉大学图书馆将虚拟馆员融入阅读推广，拉近了与读者的距离，然后以虚拟馆员为主角，推出新生通关游戏“拯救小布”，推介图书馆服务，以游戏的形式推广阅读，使读者在参与答题活动的过程中自觉、主动地关注、收集整理、学习有关经典名著的知识，潜移默化地接受经典阅读教育。

（二）移动新媒体与阅读推广

1. 移动新媒体环境与阅读

阅读方式，对高校图书馆用户的阅读认知产生了深远影响。目前，新媒体阅读逐渐成为高校学生获取图书资源、检索信息的主要方式，新媒体技术也改变了学生的学习交流方式。很多大学生都选择利用新媒体获取信息。移动新媒体为大众提供了丰富的阅读途径，成为大学生拓宽视野、建构知识体系的有效工具。同时，移动新媒体下的碎片化阅读方式，改变了人们固有的阅读思维，使得“碎读现象”成为常态。基于新媒体的阅读方式具有交互立体化特征，用户可以利用微信等进行信息交流，也创造了阅读乐趣。

2. 移动新媒体阅读推广模式

（1）电子阅读器数字阅读推广模式。用于专门读取数字阅读信息的移动设备就称作电子阅读器，具备设置书签、做标注以及存储阅读信息等功能。它不同于具备数字阅读功能的平板电脑等设备，相对而言功能多样、携带便捷，不仅可以存储海量数字资源，还具有保护视力的作用。

近年来，我国的当当网、方正集团等纷纷推出不同形式的电子阅读器，为用户的数字阅读提供便利，并尽快抢占市场。我国国家图书馆最先推出以电子阅读器外借为主体的数字阅读推广服务，用户只需要缴纳部分押金，就可以领取图书馆提供的电子阅读器，并且通过图书馆网站自由检索和下载感兴趣的内容，不仅满足了用户的个性化数字阅读需求，也提升了数字资源的利用率。这项业务一经推出就获得了读者的欢迎，也引起了其他图书馆的广泛关注。

（2）移动图书馆数字阅读推广模式。用户利用智能手机等下载移动图书馆客户端后，就可以在线访问图书馆数字资源，并且办理图书借阅、文献资源申请等业务。移动图书馆服务模式的应用，能够对不同机构、不同平台的数字阅读资源进行整合，注重对数字化资源的推荐，并且能够结合用户需求主动提供阅读资源下载、信息查询等服务。高校图书馆在建设移动图书馆的基础上，可以针对用户需求开展体验式阅读推广服务，以用户需求为导向生产移动服务产品，建立图书馆与用户之间的良性互动。通过对内外部数字资源的整合，关注数字阅读服务中的用户体验，以需求牵引提供不同层次的阅读产品。同时，充分利用微博、电子报刊等移动新媒体，加大对高校图书馆的宣传力度，让用户进一步认识移动图书馆服务，进而赢得更多用户对图书馆的信任。

第三节　大数据背景下的阅读推广探索

一、大数据背景下的阅读现状

（一）大数据时代的阅读

计算机信息技术的日臻完善，加快了大数据时代的到来。在大数据时代下，大数据技术加快了对密集型数据的挖掘、分析、处理，随时随地都会产生海量数据，为人们的生活、工作、学习等提供了多种服务，加快了整个社会的创新发展。基于如此的时代背景，人们在图书馆阅读上有了更多的选择，凸显个性、自主、创意的阅读模式备受青睐，有效利用大数据技术为图书馆阅读的推广提供了可能。

（二）大数据技术在阅读方面的应用

1. 大数据技术促进阅读发展

众所周知，传统的图书馆阅读多为静态阅读模式，这是人们获取知识的有效途径，但有一定的时间和空间限制，要求阅读者耗费大量的时间待在图书馆阅读，无法满足更多阅读者利用零碎时间阅读学习的需求。同时，部分图书馆的书籍资料较为陈旧，没能及时更新存储，阅读者难以找到最新的资料信息，加之图书数量众多没有严格的分类规整，阅读者需要耗费不少时间寻找自己需要的书籍，或是同类型的书籍数量有限，难以满足多人同时阅读学习的可能。而大数据时代的到来，刚好能够有效地弥补传统图书馆阅读的缺陷，人们可以利用现代信息科学技术和工具，在互联网上开放的电子图书馆中，使用智能手机、平板电脑等多种终端工具下载借阅各种图书资料，形成多元化的阅读模式，打破图书馆时间与空间的限制，满足人们随时随地利用零碎时间阅读学习的需求。

2. 大数据技术应用中的问题

在肯定大数据时代给阅读带来的优势和好处时，也不能忽视大数据技术在图书馆阅读推广中的不足与问题。

（1）阅读市场的混乱。大数据导致移动阅读市场更加复杂混乱，充斥着各种各样的信息，给一些自制力不足的阅读者带来巨大冲击。

（2）图书阅读质量差。电信运营商为了获得更多经济利润，往往忽略了所提供图书的阅读质量，并以微博、短信、微信等短篇幅的形式将长内容进行传送，在给阅读者带来娱乐的同时忽略了阅读者的知识体系构成。

（3）阅读思维的迷失。随着大数据为人们提供了更多阅读选择，人们会更趋向娱乐性质，对冗长、有深度的文字厌烦心理越来越严重，“浅阅读”和“泛阅读”成为主流，难以有效地丰富阅读者的知识结构，不利于文化思维形式与人格的完善。由此可见，图书馆阅读在全民阅读活动中还是占有一定地位的，但是需要借助大数据技术，以多种活动形式加大图书馆阅读的推广力度，进一步促进人们文化素质的提高，积极响应国家政府号召。在利用大数据对阅读活动进行推广的同时，要注意引导阅读方向，合理利用先进技术促进阅读发展。

二、大数据环境下阅读推广案例

图书馆作为阅读推广的主体，在阅读推广工作中占据着重要地位。在当前社会中，随着大数据时代的发展，传统媒体与新媒体也在逐渐融合，但对大多数图书馆来说，阅读推广活动还是以传统媒体为主要方式。不过，借助网络的发展，融入阅读推广工作，并在有条件使用新媒体技术的同时，主动积极地融入阅读推广工作，是非常有必要的。

（一）移动图书馆与阅读推广

1. 移动图书馆的发展背景

移动图书馆就是借用网络平台以及手机、移动阅读器等新媒介，无线下载图书馆的文献和信息资源，实现移动在线阅读和交流等功能。在以手机为主的移动设备非常普及的今天，推出移动图书馆服务具有必要性与可行性。

首先，随着国民文化知识水平和文明素质的提高，阅读需求也在逐渐提升，娱乐消遣性、功利追求性等浅阅读充斥网络媒体，图书馆阅读作为人类文化知识传播的重要途径，要占领国民知识阅读的阵地，引导国民在全媒体环境中，走向提升文化知识和精神品质的深阅读。移动图书馆就是要在时尚文化消费中争取一席之地，就是为了在当今的大众化阅读方式中不缺位。这些，说明了移动图书馆的推广是非常必要的。

其次，手机的普及让大众移动阅读成为可能，而其他高端移动新媒体的增多，更扩大了移动阅读的群体。相比较其他机构的阅读推广，移动图书馆更具有知识性、公益性和无偿性，提供更有深广度和准确性的知识，开展科学的专业性知识服务。

2. 移动图书馆的功能

（1）移动 OPAC。读者可以通过手机访问馆藏 OPAC（联机公共目录检索系统）系统，提供基本的字段检索。读者需要的书目信息可以发送到读者手机，方便读者进馆找书。读者登录移动图书馆可以查阅借阅信息，完成图书续借等服务。

（2）短信服务。读者可以通过手机短信获取书目信息。读者可以自由选择订阅催还提醒、预约到书提醒、图书馆资源动态、最新消息等服务。

（3）WAP服务。移动图书馆WAP（无线网站）网站能基本实现图书馆移动门户的相关功能。统一检索平台能提供馆藏目录、电子期刊、学位论文、会议论文、电子书等资源的一站式检索，实现了文摘或全文的手机阅读。

（4）读者互动。读者通过移动图书馆平台阅读电子书、电子刊，可以写书评、做批注、记笔记、发微博，这些全新的读者互动体验，方便读者随时随地记录、表达、分享自己的阅读感受和学习心得。

3. 移动图书馆阅读推广发展

（1）大数据环境下的定制服务。随着移动技术日新月异的发展，用户期望也会更加变化莫测，用户已经不再是信息的被动接收者，而是信息创造的参与者，在这样一个大数据的移动时代，未来绝大多数的信息将由用户创造，用户个性化定制服务悄然兴起，也必将是移动图书馆发展的方向之一。因此，移动图书馆阅读推广应该注重从大数据中挖掘可用信息以精准预测用户需求，创新服务模式及其功能来满足用户个性化需求。

（2）移动服务能力。目前，移动图书馆服务研究主要集中在服务模式的推介，有关移动服务能力及其评价的研究则非常稀缺，而服务能力往往决定着服务水平，因此移动图书馆服务能力研究亟待展开。移动图书馆要想推广阅读，就要注重提高移动服务能力，尤其是移动图书馆的服务效率提升、服务管理创新、服务品牌建立以及服务绩效评价指标体系的构建等方面。

（3）移动图书馆联盟。移动图书馆的馆际合作，不仅有利于降低移动服务的开发和维护成本，而且有利于馆藏资源的跨区域分享，要努力推进移动图书馆合作模式和共享机制的研究发展。

（4）移动图书馆服务质量。提高用户满意度始终是图书馆服务的主要目标，而保证服务质量则是关键一环。传统图书馆服务质量的研究经历了引入期、成长期和发展期，相关研究已经比较成熟。相比传统图书馆，移动图书馆服务质量具有动态性特征，影响因素复杂多变、识别困难，所以要注意提高移动图书馆的服务质量，推动阅读推广的发展。

（二）电子阅读器与阅读推广

1. 电子阅读器的概念

电子阅读器是专门用于显示书籍、杂志、报纸和其他印刷品来源的书面材料的数字版本设备，具有便携式、低能耗、高分辨率等特点。大多数情况下，拥有其他主要功能的设备，如上网本和手机，也被作为电子阅读器使用。某些电子阅读器也提供类似博客、网站、新闻推送等这些电子文档的访问。电子阅读器是专门为了显示文本而设计的设备，大多数电子阅读器采用被称为“电子墨水”的技术来提供黑白、可调整大小的文本显示方式，而不是液晶屏幕显示方式。电子阅读器允许用户在单个的设备上存储书库、做批注，在文本上划重点和设置书签。

电子阅读器引领了内容获取的新模式，成为传统文本购买和再用模式的补充。它打开了更灵活的内容聚合方式的大门，由此促进了信息的更新，对非传统发行渠道文章的涵盖，也为高度定制化课程资料提供了机会。

2. 电子阅读器外借与阅读推广

（1）电子阅读器外借服务

进入信息时代，以海量资源和方便快捷为特点的电子阅读成为阅读时尚已经势不可当。电子阅读成为“新宠”与新媒体的普及密切相关，也与现代人的生活方式与工作条件密切相关。

数字化技术让多媒体信息交换成为可能，计算机网络让人们可以随时随地地发布或浏览信息，现代社会的快节奏生活让人们更愿意选择足不出户、方便快捷的数字阅读。上海图书馆推出的电子阅读器外借服务，正是适应了当下国民数字阅读的需求，所以产生了广受欢迎、供不应求的良好效果。

（2）电子阅读器外借服务的内容

①拥有海量存储内容的电子阅读器。电子阅读器属于高端电子产品，价值不菲。上海图书馆拥有数百台汉王电子阅读器。因此，并不是所有图书馆都有能力开展电子阅读器外借业务。电子阅读器只是一个工具，让其由单纯的“器”演变为“书”，就必须存储海量电子图书。这些电子图书的来源有多种渠道，或者通过采购从数字图书供应商处购买，或者将本馆馆藏的纸质图书数字化，或者在线购买并下载整理一些公共资源。

②有一个接受电子阅读并愿意来借电子阅读器的读者群。相对传统的纸质阅读而言，电子阅读更加便捷。但是，并不是所有的读者都喜爱电子阅读。习惯纸质阅读者对电子屏阅读的不适应、电子阅读器的保管和使用必须遵守技术规范、书本阅读更容易感受文字的内涵等因素，让一些传统读者，尤其是中老年读者不太容易接受电子阅读。另外，电子阅读器的借阅手续比较复杂，因为价值不菲，大部分图书馆还有收取押金的制度。所以，一个图书馆要开展电子阅读器外借服务，要充分调查并论证这两个条件。

③完整规范的电子阅读器外借服务制度。这是保证电子阅读器外借业务正常顺利开展的需要，也是确保国有资产完整性和正常使用的需要。这包括对馆员和读者的培训制度、借还规则、违约处罚制度、丢失与损

坏赔偿制度等。

（3）电子阅读器外借服务的步骤

第一，购置电子阅读器并储存资源。根据图书馆经费能力以及读者需求状况，购买适量的电子阅读器。购置得太少，享受资源的读者就太少，自然会引起读者抱怨、失去信任等负面影响；购置得太多，经济上既难以负担得起，也会造成资源浪费。数字图书资源的存储要紧密结合读者的阅读需求，既要考虑大众读者，也要关注专业读者。电子阅读器的存储空间都很大，完全有必要实现存储最大化。

第二，开展宣传与培训工作。对馆员和读者都要开展培训，培训馆员的服务技能，以便进行操作演示、常规问题解答及故障排除；培训读者，让读者能顺利高效地使用电子阅读器，也避免操作失误损坏电子阅读器。此外，还要进行借阅规则的教育和培训。

第三，开展借阅服务。要按照借阅规则，实行预约制和押金制借阅。

第四，通过反馈调节实现良性循环。要建立馆员与读者之间畅通的交流机制，采用电话咨询、网络在线咨询等方式，及时收集电子阅读器外借读者的意见和要求，解答疑难问题，及时调整不科学的借阅程序，及时帮助读者排除电子阅读器出现的故障，实现外借工作的良性发展。

（三）绘本阅读推广

1. 我国绘本阅读推广模式

随着图书馆界对绘本阅读推广的重视，各地出现了一系列优秀绘本阅读推广活动案例。目前，开展得较为普遍的绘本阅读推广模式包括以下几种。

（1）绘本书目推荐活动。绘本书目推荐活动是指在阅读推广活动中以制作绘本推荐书目、举办绘本主题展览、设置绘本图书专架等形式和途径向读者推荐绘本的导读活动，旨在向读者“传递信息、推荐经典、分享好书”。

（2）绘本故事会活动。绘本故事会活动是由图书馆面向阅读受众群体举办的以绘本为载体，融入故事、游戏、表演等内容的活动，旨在培养读者的阅读兴趣和引导阅读。

（3）绘本创意活动。绘本创意活动是指通过创新，丰富绘本阅读推广活动的形式和内容，从而玩转绘本、传递智慧、分享快乐，如引导读者手工制作趣味绘本等。

（4）大型综合性绘本阅读推广活动。这类型的活动主要是以“演”绘本剧和“讲”绘本故事为内容的竞赛性活动，旨在通过大范围的宣传推广而引起广泛的社会关注。

2. 大数据环境下新的绘本阅读推广

大数据环境下移动阅读环境的发展，为绘本阅读推广带来了新的发展机遇。移动互联网络和智能终端的普及让更多人可以随时随地进行阅读，数字交互形式和新媒体的出现使阅读不再局限于静态的文本和图像，这些因素在不同程度上都有利于绘本阅读推广工作的进行。同时，移动阅读也为绘本阅读推广带来了挑战。首先，移动阅读环境下，人们在随时随地进行阅读的同时，对知识的接收也呈不连续、碎片化的趋势，这已经引起了专家学者的关注。其次，移动阅读环境下，书籍资源的获取虽然变得更加容易，但书籍的质量可能良莠不齐，需要更严谨的法律法规规范文化市场，需要社会各方共同创造更加良好的阅读环境。最后，成长于数字环境的“数字原住民”，很可能不习惯甚至抵触传统纸质阅读。这些都需要进一步的研究来推动绘本阅读的发展。

第八章 图书馆阅读推广创新研究

第一节 区域图书馆阅读推广

全民阅读的深入开展对区域图书馆的阅读推广工作提出了新要求。本节分析了我国区域性公共图书馆、高校图书馆和中小学图书馆阅读推广的现状，指出实施阅读推广协同创新的必要性和可行性。针对新时代全民阅读服务的需求，从协同设计服务方案、携手创新服务方式、协同建设服务内容、建立多元化协同机制等方面，提出区域图书馆开展阅读推广协同创新的对策和建议。

阅读推广作为“全民阅读”的重要举措和图书馆服务的核心工作之一，在全国各地开展得如火如荼，并产生了积极影响。但全民阅读还没有实现全覆盖，全民阅读的发展还面临一些问题。阅读推广工作是一项复杂的系统工程，仅仅依靠某一类型的图书馆，很难把阅读推广工作延伸到社会的每个角落，也无法触及每位公民，更无法满足每个社会人的阅读需求。因此，在新的时代条件下，阅读推广工作还需要不断地求新求变，推进服务主体向多元化发展、服务方式朝精细化转变、服务内容向丰富化迈进。各地区各类图书馆要从全民阅读的实际需求出发，加强相互间的合作创新，构建全民阅读推广服务新体系，协同开展阅读推广服务。

一、区域图书馆阅读推广的现状

（一）区域图书馆阅读推广的总体情况

笔者所阐释的“区域”是从行政区划角度来说的设区市及其所辖范围。我国区域图书馆主要有公共图书馆、高校（普通高等院校、军队院校、党校）图书馆和中小学图书馆，在部分大中城市还有科研图书馆。笔者阐释的区域图书馆以前三类图书馆为研究对象，它是地方全民阅读推广的主体，其中公共图书馆主要是指设区市及其以下级别的公共图书馆（包括各级少儿图书馆）。公共图书馆面对的是所有社会民众，它们针对不同类型的读者，开展形式多样的阅读推广服务。例如，延伸服务空间时间、创设新型阅读空间、举办展览讲座和影视欣赏、推行数字阅读体验等。高校图书馆阅读推广以“立德树人，成长成才”为根本任务，以大学生课内外学习、学术研究和创新创业教育为落脚点，其最鲜明的特征就是活动化，积极利用新技术新媒体推广经典阅读和数字化阅读。中小学图书馆通过阅读推广活动，引导中小学生养成良好的读书习惯，了解和掌握阅读方法，将课外阅读内容有机结合起来，教育学生课后多读好书，增强课外阅读。

（二）区域图书馆阅读推广的成效与不足

“全民阅读”作为文化民生的重大举措之一，正在不断提升全民的文化素养，增添城市文化气息，助推乡村走向文明。在这样的环境下，上述三类图书馆立足实际，多措并举，以多种方式为不同层次、不同类型的读者提供了多样化的阅读服务。在诸多阅读活动中，涌现出了许多优秀案例。许多城市形成了以公共图书馆为龙头、大型书城为地标、基层公共文化服务中心和实体书店为支柱、小微读书点和线上阅读为补充的全民阅读公共服务体系，高校和中小学图书馆的阅读推广活动日益丰富，师生阅读情绪不断高涨，且在全民阅读推广中的主体地位日益凸显。

在区域图书馆全民阅读推广活动取得成效的同时，应看到不足。例如，同一地区三类图书馆在阅读推广方面沟通不畅，还没有完全建立相互补充的长效合作机制，协同程度还比较低。即使馆际有合作，也只是暂时的或针对某一项活动的合作。区域阅读推广活动范围更多地仅局限在各馆自身服务领域和服务对象上，难免造成活动方式的单一、活动内容的枯燥。

二、区域阅读推广协同创新的必要性和可行性

（一）协同创新的必要性

1. 阅读推广的社会化需要多方协同

阅读推广的目的是促进全民阅读，提高民族文化素质，因此，阅读推广必然表现出社会化的特征。一个地方乃至整个社会的阅读风气，可以反映出该地居民的文化素养，要有效推动阅读，必须依靠社会各方面的配合和努力。目前阅读推广开展得有特色的地区，其推广主体明显呈现出多元化特征。只有通过多方合作，发挥多方优势，共同创新阅读推广方式，打造优质的阅读平台，才能让民众分享阅读乐趣，交流阅读心得；才能推动增加优质文化产品和阅读服务的供给，更好地保障人民群众的阅读权益。可见，阅读推广是系统性的社会文化工程，需要多方力量尤其是图书馆之间的协同互助。

2. 阅读需求的多样化需要多方合作

在全民阅读时代，社会公众的阅读需求发生了很大变化。一是新时代

的科技创新需要智慧、创造、创意，这必将推动教育改革，同时教育改革又将反哺科技发展。现阶段，教育面临着巨大的变革，而阅读必将会成为教育的核心内容，阅读能力的培养成为培养学生能力的第一位要素。以阅读来改变教育理念，需要学校、图书馆等机构和不同行业的专家、阅读推广人等多方的共同努力；同时，通过多方合作，克服图书馆自身在资源、人员、技术等方面的局限性。二是社会职场竞争促使广大从业人员不断汲取新知识，专业化的书籍成为这些用户阅读的首选，而仅靠一两个馆的资源难以满足用户需求。只有建立馆际之间的协同，才能及时提供可读的专业文献。三是新技术既改变了阅读资源的存在形式，也改变了人们的阅读方式。数字阅读已成为人们获取信息的主要途径，阅读内容日渐多元且趋于碎片化。图书馆要在阅读方式和内容上满足用户的数字阅读需求，必须加强区域内各类图书馆的深度合作，通过区域数字阅读新平台推送多样化的阅读服务内容。

（二）协同创新的可行性

1. 阅读推广协同具有良好基础

目前，国内许多公共图书馆和与学校教育专家、管理人员、学校图书馆馆员联手开展合作，共享馆藏，提供资源和服务。一些地区开展的阅读推广活动，尤其是每年定期举办的大型读书节，多是图书馆与多家单位的联合。多个地区已初步实现跨领域、跨部门的文化资源整合，共建共享的公共文化格局已基本形成。许多地区都建立了一些区域图书馆联盟，图书馆联盟合作主体日趋多元化，联盟形式也逐渐多样化。例如，某市图书馆组建了以 20 多个读书社团为成员单位的“阅读推广人联盟”，这支推广队伍活跃在该市各个阅读领域，形成政府、社会、公众共赢的公共文化可持续发展机制。

2. 阅读推广合作具有新技术保障

新技术和新媒体的出现，为阅读推广活动带来了新的活力。一是新技术促进阅读推广图书馆网络系统的互联。我国的数字图书馆推广工程虚拟网就是各馆利用互联网链接，通过 IPSEC VPN（虚拟专用网络技术）技术组成的虚拟网，该网实现了各节点的互联互通，让更多的读者享受到虚拟网所带来的方便、快捷的服务。二是新技术拓展阅读服务项目。某图书馆网上联合知识导航站，联合了该地区公共、科研、高校等图书馆及其相关机构，以因特网的丰富信息资源和各种信息搜寻技术为依托，以来自全国各地以及海外图情界的资深参考馆员和行业专家为网上知识导航员，通过加强特色馆藏资源和网络信息资源的开发和利用，实现各类图书馆网上参考咨询服务的优势互补；和邮政部门协作，开展借阅服务，用户只需要手机下单，通过快递服务，在家就能收到想借阅的图书。“网上借阅社区投递”以射频识别技术为基础并集成各种高科技手段，在市范围内选择社区投递点，将市民需要的图书送到居民身边。

3. 协同性的阅读推广有制度保障

全民阅读推广服务体系是多元主体为保障公民享有基本阅读权利而建立起来的一系列制度和系统的总称。相关法律法规既对全民阅读做出规定、提出要求，也为全民阅读推广活动提供了保障。如《中华人民共和国公共图书馆法》规定，公共图书馆应当加强馆际交流与合作，国家支持公共图书馆开展联合采购、联合编目、联合服务，实现文献信息的共建共享，促进文献信息的有效利用；支持学校图书馆、科研机构图书馆以及其他类型图书馆向社会公众开放。《普通高等学校图书馆规程》则提出，图书馆应加强各馆之间以及与其他类型图书馆之间的协作，开展馆际互借和文献传递、联合参考咨询等共享服务；在保证校内服务和正常工作秩序的前提下，发挥资源和专业服务的优势，开展面向社会用户的服务。

三、区域阅读推广协同创新的举措

（一）协同设计阅读推广的服务方案

1. 协同制订常规阅读推广计划并有效实施

随着图书馆阅读推广的发展，阅读推广服务正从图书馆的创新服务、延伸服务日渐转化为常规服务。各办馆实体要由“一馆思维”转向“平台思维”，将区域图书馆打造为基层全民阅读服务平台。活动策划与项目设计要确保其针对性与可持续性，加强与学校、媒体、社会团体等的深度合作，吸引社会大众参与。针对一些常规性阅读活动，如科普知识讲座、学术讲座、民俗文化、作家专场、读书沙龙、高雅艺术欣赏、图文展览、精品推荐、“你选书我买单”等，区域图书馆学会（或联盟）可统一协调，优化各馆的服务计划。每年年初由学会理事长单位牵头，集中各馆当年的阅读服务计划，结合各馆的活动内容和服务对象的层次，去除重复项目，携手打造共性阅读服务项目。对于可以共享的服务，以一馆为主其他馆共享，譬如巡回展出类活动、民俗文化讲座等。

2. 共同策划大型读书节系列活动方案

现阶段，全国大部分地区文化宣传机构每年都举办大型的读书节活动，涉及本地区的中心图书馆、文化馆、书店、学校、出版社等多个部门、多家单位。大型读书节是有效推广“书香家庭”“书香校园”“书香机关”“书香社区”等阅读活动的重要平台，区域内各类图书馆，尤其是这三类图书馆应是阅读活动的主角。各馆应积极参与系列活动方案的策划，方案要体现全民性，在活动内容和形式上要兼顾各类读者的参与度；在承办方式上，围绕读书节主题的系列活动项目可由三类馆分别承办或联合举办，形成多馆联动，助推全民阅读。对于统一设计、由各馆同时开展的某一主题活动，各馆可依据总体方案办出自己的特色。

（二）携手创新阅读推广的服务方式

1. 搭建线上线下的协同互动阅读

随着微博、微信公众号、移动图书馆等技术的发展，线上阅读日益流行。近几年的实践证明，线上线下相结合的方式可以提高图书馆的社会影响力，扩大读者范围，有利于增强图书馆阅读服务的黏性。因此，区域图书馆可以把现有的比较成熟的模式，通过线上线下结合的形式在本地区予以推广应用，让更多的馆、更多的读者加入统一的互动平台中。①新建或完善地区图书馆联盟的线上线下协同服务平台（大平台）。以新建或扩建的方式搭建协同交互平台，或者以某一个馆的服务平台为基础，将其他馆的资源与服务融入其中，让读者访问一个平台就可以了解并获取所有馆的资源及服务。②搭建跨馆的微服务子平台（小平台）。在大平台上建立微服务系统，集成区域内各馆的微博、微信服务平台、移动图书馆平台，增加各馆与读者的互动，既开展信息推送服务，又及时接受读者个性化要求，同时实现“免费送书进户”“送资源入邮箱”。

2. 打造多方合作的体验式阅读

在新阅读时代，体验式阅读能打破封闭性的阅读模式，起到刺激阅读、增加读者交流的作用。区域图书馆要积极打造体验式阅读平台，通过与地方文化职能部门、新闻出版、社会公益组织等单位的多方合作，建立体验式阅读推广平台，面向社会机构以及民众推出体验式阅读活动。该阅读推广方式已在一些地区实施，值得更多图书馆去学习和借鉴。近年来，图书馆界推出了一项阅读推广服务设备——朗读亭，以朗读体验为主，集朗读、录制、演讲、训练等多功能于一体，是多领域跨界融合的产物，其业务模式极具创新性，它尊重人性，重视用户体验，这也是区域图书馆联合打造体验式阅读的新载体。

3. **拓展智能协同的阅读新空间**

21 世纪图书馆正在向智能化、智慧化方向发展，这也为区域图书馆阅读推广的智能化协同提供了强有力的技术支撑。从社会大众的阅读需求来看，自助的智慧型阅读空间——“24 小时自助图书馆”，颇受广大读者的欢迎，这也是当前全民阅读推广中备受欢迎的服务方式。这是一种全开放、不打烊、高品位的自助服务体系和崭新的公共文化服务形式；这也是“政府主导、部门指导、社会参与”的协同模式。24 小时自助图书馆（城市书房、城市书吧）是各级公共图书馆功能的补充，不仅提升了借阅的便捷度、阅读的享受感，更有效地拉近了书与人之间的距离。

作为阅读推广服务的新形态，24 小时自助图书馆还有很大的提升空间。一是要扩大覆盖范围。许多地区的城市书房建设很少覆盖到高校和中小学，虽然学校有图书馆，但能够与社会共享的馆还不多。因此，区域范围内的三类图书馆还要加强与之沟通与合作，让“城市书房”这样的智能化阅读服务模式走进校园，扩大本地区学校与社区共用的阅读空间。二是要充实数字阅读。科技跟阅读相结合，让现代人的读书方式更加多样化，也促进图书馆服务方式的多样化。为促进新型的阅读向精细化和特色化方向发展，保持 24 小时自助图书馆的吸引力，各地已建和即将建设的城市书房等智慧阅读空间，要不断添置数字化设备，将现有的自助图书馆“升级”为数字化的书房。

（三）协同建设阅读推广的服务内容

1. 认识阅读服务内容建设的重要性

阅读推广的任务不仅是推广图书馆的资源——纸质图书馆、电子图书及音视频、游戏等多媒体信息，还包括阅读能力的提升、阅读兴趣的培养、阅读习惯的养成、阅读品位的熏陶和阅读氛围的营造。目前，国内阅读推广似乎更加侧重于纸书阅读的推广，尤其是以读经典作为重点推广的内容，我们必须清楚地认识到，技术改变了阅读的方式和阅读内容，传统阅读和数字阅读共同构成获取知识的渠道。在“文化消费走向生活化，生活消费走向文化化”的新时代，虽然存在以升学、求职、备考为目的的阅读现象，但以兴趣爱好和消遣娱乐为阅读目的的人群也在迅速增加。读书不只是为了工作与学习，读书同样是为了享受生活本身。区域图书馆只有同时深入了解人们学习性和非学习性阅读的需要，才能更好地加强阅读推广服务内容的建设。

2. 协同打造阅读活动的内容与服务

同一地区不同类型图书馆提供阅读推广的服务与内容有一定的差异性，只有展开多渠道、多方位的合作与交流，建立全面的阅读推广合作伙伴关系，才能全面推进本地区的全民阅读。①创新文献信息资源的合作途径。图书馆应充分考虑虚拟环境下人们的信息行为和信息需求，利用阅读推广协同平台，扩大区域性资源的共建共知共享范围。联合本地区各类图书馆共同建立实质上的区域“共享系统”，实现多项业务的协同发展；实现读者对各馆资源的一站式发现，学校师生通过公共馆及其分馆或其他学校获取纸质图书，公共图书馆用户也可以从学校图书馆借阅图书，同时实现数字资源的互访和下载。②扩大阅读活动的合作范围。除了共同利用社会资源外，在许多阅读活动中，各馆不仅共享书刊资源和设施设备，也可以共享人力资源。比如，公共馆、中小学馆的知识讲座、学习培训辅导等，可由高校馆提供金牌阅读推广人，将学校的教书育人理念带入公共阅读服务领域。同样，由公共馆组织的阅读推广人，可将奋斗精神、劳模精神、工匠精神引入校园。③按读者层次开展协作性的服务。譬如，基于新的高考改革方案，公共馆可以引进外部的教育资源，推出针对课程的馆藏套餐，开设选修课，综合提升学生的素质、拓宽学生的视野、帮助其适应如今的高考改革。通过协同互动平台，邀请中学教学名师和高校专家，让学生获取在线作业辅导和心理教育咨询服务等。

（四）建立多元化的阅读推广协同机制

随着全民阅读发展的深入推进，阅读推广的“协同创新”已成为发展过程中的关键之举。要深入推进阅读推广协同发展，全面提升全民阅读服务水平，就要勇于冲破思想观念的障碍，冲破利益固化的藩篱。无论公共图书馆还是学校图书馆、书店、出版社，一定要统筹协调相关部门，推动建立和完善各部门共同参与的工作协调机制，打造阅读推广协同创新共同体。①建立长效合作机制。地方政府通过制订全民阅读战略规划，以法律法规的形式来规范阅读推广，加大对阅读活动的财政投入，解决公共阅读设施不足、管理不当的问题，以相关政策鼓励社会力量参与全民阅读建设。②建立由图书馆、出版社和书店协同的阅读推广机制。出版社是知识的生产者，是阅读推广的源头。书店和图书馆是阅读推广的主力军，担负着向读者宣传、展示和推荐优秀书籍的责任和义务。因此，区域图书馆应主动与出版社、书店进行合作，通过选书、直借和书评等线上与线下相结合的活动平台，共创阅读推广新模式。③建立由图书馆之间密切合作的常规活动机制。区域内各类图书馆是阅读推广的直接力量，相互间的合作将实现以强带弱、多向联动的阅读服务新格局。通过区域图书馆联盟，建立联盟内馆员教育、人才培养和软硬件共享机制，协同开展全民阅读推广、公益讲座、展览及其他阅读活动。

纵观社会上的各种阅读推广服务，从政府的提倡号召、各界专家的书目推荐、不同行业学者的辅导报告到社会上规模不一、形式各异的读书活动，都是主动性的阅读推广服务，都拉近了图书馆与读者的距离，助推了全民阅读。在深入推进全民阅读的新时代，阅读推广主体呈现多元化的特征，区域图书馆只有不断创新阅读服务思维，以协同创新的服务理念为指引，加强与阅读推广活动相关主体之间的合作，才能搭建起阅读推广协同的新平台。只有创新服务方式，才能更好地发挥社会资源的功能，激发区域馆的发展活力，形成上下合力、相互协同、整体推进的区域性全民阅读工作新格局。

第二节　利用新媒介促进图书馆阅读推广

随着媒介技术的发展，媒介组织进一步走向联合，“媒介融合”已经成为一个急速发展、影响极其深远的媒介生态现象。阅读作为传统媒介与新兴媒介都高度聚焦的领域，也不可避免地受到媒介融合的巨大影响，阅读对象从印刷型读物延伸到音频广播、模拟视频、数字多媒体读物，阅读活动的环境从固定地点、固定时段拓展到任何时段、任何地点，同时读者的阅读方式、思维模式、价值评判标准也发生了巨大变化。因此，面对传媒时代的剧烈变革，图书馆如何准确把握媒介融合的特点，有效发挥媒介融合的优势，从而更广泛、深入地推动阅读，是一个值得认真研究的课题。

一、利用新媒介开展阅读推广的特点

（一）移动性强

以手机为主要代表的移动终端是新媒介在阅读推广中的主力。移动终端提高了信息传播的效率，增强了阅读推广的移动性。利用手机，读者可以随时随地获取阅读推广信息，观看并分享阅读推广信息内容。在读者群中，手机与手机间的分享互动，使得阅读推广范围扩大，加快了信息内容的传播速度，实现了新媒介在阅读推广中信息传播的动态化和移动化，提高了信息资源在读者群中的共享与传播。

（二）富有个性化

数字时代，读者个性化意识越来越强，大众盲从的阅读心理渐渐消失，他们对阅读有主动选择的权力，借助信息技术他们可以轻易找到想要阅读的内容。读者寻找阅读信息时会留下印迹，如阅读的内容、访问的网页、个性化标签等，这些能让新媒介捕捉到读者的兴趣爱好。阅读推广主体会根据捕捉到的读者特点和需求，明确阅读推广的对象，有针对性地推送读者感兴趣的内容，满足读者个性化需求，促进阅读推广质量和效率的提高。

（三）交流互动活跃

读者在阅读之余，渴望与其他阅读者交流互动，分享自己的阅读感受。交流互动促进了信息内容的广泛传播，这是新媒介进行阅读推广的重要途径。在新媒介中，读者可以根据自己的兴趣爱好与其他读者相互关注，建立互动交流，形成新媒介用户群。群体中的用户可以对进入群体的信息交流、互动、创造、传播。阅读推广主体可以与这些读者群相互关注，交流互动，这样，阅读推广主体发布的信息内容可以通过读者群中分享传播，吸引更多的读者关注到阅读推广活动。

二、新媒介环境下图书馆阅读推广面临着新的机遇和挑战

（一）读者获取信息与知识的途径日趋多样化

随着信息技术的快速发展，读者获取信息与知识的途径呈现出多渠道、多元化、多媒体的新特点。新媒介阅读作为一种重要的阅读方式日益普及，从在线阅读、电子阅读器阅读，发展到以手机、平板电脑等移动终端为载体的无线阅读。新媒介环境下，“读者的阅读需求活动对作为物理状态的图书馆的依赖程度明显降低，分布式数据库状态的虚拟图书馆在满足读者信息需求中发挥了巨大作用。学生足不出户通过移动阅读设施就能及时获取信息”。这些对图书馆开展基于新媒介、多终端的阅读推广服务都提出了新的要求。

（二）读者对图书馆的服务提出了更高、更深层次的需求

随着信息技术的高速发展和广泛运用，图书馆的馆藏形式发生了显著的改变，目前图书馆的资源建设正经历着从原始资源采购到资源授权、从图书馆自行采购到完全受用户驱动的演变，读者对文献信息的需求呈现出多元化的趋势，图书馆馆藏建设应本着以学生为本的准则，新媒介技术的发展给图书馆阅读推广带来挑战的同时，为图书馆业务和服务的提升与发展带来了新的机遇，图书馆可以在更广阔的平台上拓展服务范围，创新服务模式，提升服务能力，推动业务发展。

三、利用新媒介进行阅读推广的策略

（一）提升馆员能力与强化部门整合相结合

立体式宣传报道要求对现有的宣传推广流程再造，深度整合校园内各种推广力量，无论是处于何种岗位的图书馆工作人员，媒介融合背景下的阅读推广都对其提出了“一专多能”的全媒体工作要求，不仅要具备妙笔生花的写作能力，能够轻松应对短篇网络新闻与长篇深度报道的写作，而且要具备优秀的摄影、摄像、音视频后期处理能力，还要熟练掌握全媒体营销运营能力，让阅读推广的作品更具交流性、传播性。强化部门整合主要是加强图书馆负责阅读推广的宣传部门与学校宣传部门在阅读推广宣传方面的力量整合，这是由于这两个部门所采集的内容、宣传的重心、报道的形式以及用稿需求差异不大，从而可以联合组建后台编辑队伍进行统一的策划、整合、推广和营销。

（二）组织丰富的新媒介阅读活动

图书馆在阅读推广中可以成立各种各样的读者新媒介阅读组织，如阅读指导委员会、读书会、读书沙龙、读者协会等，负责新媒介阅读活动的调查和指导，会同学校相关组织举办各种新媒介阅读论坛，定期邀请一些专家学者来传授新媒介阅读的方法、技巧；举办图书馆宣传服务月，邀请数据库商来学校做数据库资源利用讲座，以期提高学生利用图书馆资源的能力，提高他们的阅读层次。此外，还可举办阅读竞赛、阅读成果展、评选新媒介阅读之星等阅读活动，以各种方式来提高读者阅读素养。

（三）建立学科馆员制度，提高服务深度

学科馆员是指具有学科背景、以学科划分业务工作和读者服务工作的

新型馆员，他们既熟悉本馆所拥有的各种信息资源，具有较强的文献信息检索、组织能力，又熟悉各学科教学科研情况，在新媒介阅读推广中，学科馆员要深入对口的院系了解师生对馆藏数字资源的需求，最大限度地帮助他们解决问题，满足其阅读及科研的需求。学科馆员在服务上可以采取“走出去”的策略，主动联系自己对口的学院，定期组织学院的学生开展新媒介阅读的讲座，介绍图书馆的馆藏电子资源及网络资源的获取和利用方法以及图书馆所开展的一系列新媒介阅读服务，如图书馆开通的微博、博客，短信服务，简易信息聚合推送服务，电子阅读器外借服务等。

（四）注重新媒介阅读推广体系的多元化

一是新媒介各种平台的阅读内容要方便读者阅读、观看。如目前图书馆的微信公众平台的服务内容包括馆藏查询、通知公告、书证查询、图书馆推荐和热门借阅这几大板块，如能将美文阅读、经典作品赏析、历史文化及音乐鉴赏等内容直接放于公众平台，方便读者随时阅读欣赏，从而促进阅读推广。二是通过新媒介开展网上阅读推广活动。图书馆可以将一些传统阅读推广活动转为线上活动，打破场次地域限制，促进全民阅读社会风尚的形成。除此之外，图片影像展、在线阅读知识竞赛、各类读者调查活动等也可以在线上开展。

综上所述，图书馆应适应信息时代的发展，充分利用新媒介进行综合阅读推广，使阅读推广活动更有吸引力和生命力，从而提升校园人文气息，传播校园文化，营造阅读的环境氛围。

第三节　“互联网 +”时代公共图书馆阅读推广

伴随着“互联网 +”时代的到来，人们的生活方式和阅读模式也发生了翻天覆地的变化，尤其是公共图书馆阅读推广工作，要面临市场带来的机遇和挑战，不仅要整合阅读平台，也要对阅读模式以及阅读资源等予以衡量和管理，充分发扬互联网精神。

一、“互联网 +”概述

“互联网 +”是一种多样化的组合模式，指的是互联网和各种传统行业融合的统称，需要注意的是，这个“+”的过程并不是简单的相加，而是两种行业的融合，借助互联网思维建构信息技术和互联网交流平台，整合传统行业发展趋势和互联网深度融合策略，从而形成新的行业形态以及领域。基于此，“互联网 +”是对社会行业进行的深刻改革和创新，也是新时期各个领域发展的基本路径，要整合互联网资源和产业发展需求，才能顺应市场变革。无论是行业服务项目还是行业产品结构，只有从根本上满足互联网时代的目标，才能实现可持续发展，尤其是“互联网 + 图书馆”，实现了传统图书推广行业的创新性变革。

二、“互联网 +”时代阅读模式的转变

在“互联网 +”时代，人们的阅读变化明显，图书馆常规化管理工作也要顺应人们阅读模式的转变需求，真正践行创新性发展和升级。

第一，阅读渠道得以拓展。在云计算和大数据时代背景下，信息化技术实现了全面优化，其中，新媒体技术不断发展，无论是信息传递形式

还是信息内容都呈现出深刻变革的形态，基于此，信息的传播路径也实现了扩展和升级，信息的传递成本逐渐降低，而信息量则大幅度增加。在传统的信息整合结构中，阅读的基础性载体就是纸媒，无论是图书还是杂志报纸，都是结构固定的单一化信息传递平台。而在“互联网+”时代，信息传递借助互联网技术，在移动设备中进行阅读也成为主流。所以，阅读本身的扩展使阅读渠道得以增加，全面整合单一化渠道以及互联网管理结构，就能建立健全更加系统化的信息传递媒介和平台，在多元化媒介体系内，无论是阅读还是资料处理工作都更加便利和有效，其选择性以及自由度的增加使得人们的阅读成本逐渐降低，阅读环境也实现了提升。

第二，阅读模式的转变，在新兴技术的发展背景下，传统的阅读渠道实现了多元化升级，使得人们的阅读渠道也随之增加，尤其是阅读模式和阅读习惯的改变，也助推了阅读模式的变革。人们从纸质图书、杂志以及报刊的阅读结构逐渐转变为平板、手机等阅读方式，正是由于新媒体的介入，使得整体阅读结构和信息整合机制更加轻松有效。也就是说，在零散化和随时性特征的推动下，人们的阅读模式也呈现出了较为新颖的变化。正是阅读模式的转变，推动了阅读结构的时代性发展进程。

第三，阅读效能的提升，伴随着“互联网+”模式的提出和升级，阅读结构和阅读体验不断丰富，使得数字化阅读结构更加有效，阅读环境也趋于友好，正是由于阅读成本的降低，使得参与阅读的人数逐渐增多，人们能借助更加便捷化的阅读方式满足阅读体验。手机、平板及电脑等智能化终端建立的差异化阅读载体成为时代发展的产物，人们阅读时间逐渐增多，借助互联网建立了知识点链接结构，也为知识点检索提供了保障，确保阅读内容更加丰富而整体互联网结构应用价值也更加便利，不仅完善了无障碍阅读和实时交流的结构体系，也为阅读平台的分享以及阅读体验的探讨提供了基础环境。正是基于此，在公共图书馆进行阅读推广的过程中，要充分掌握现代阅读群体的需求，建立精准化阅读机制，并且为人们提供更加人性化且个性化的阅读服务，保证推广效果全面升级的基础上，实现阅读效能的优化。

三、“互联网 +”时代和图书馆阅读推广之间的关系

从 20 世纪 90 年代开始，图书馆在阅读推广工作开展过程中，就逐渐和信息技术相结合，有效分析纸质阅读资源的同时，开始进行资源体系的数字化处理。也就是说，借助互联网技术能对数字资源进行及时性的查询和检索，然后建立基本的阅读关系。人们对数字资源的需求量不断增大，数字资源要满足阅读需求，就要对现代化信息技术予以调控升级。基于此，互联网和图书馆推广项目之间就形成了互相作用和影响的关系，数字化阅读平台的升级要将互联网作为基本的支撑结构，不断整合网站资源、数据库资源及新媒体资源等，对不同需求的阅读群体给予差异化服务，践行优质高效的信息整合管控机制，确保阅读精品成为主流内容。

另外，在社会节奏不断加快的背景下，有效整合读者的阅读需求，保证处理效率和分析机制的完整程度。在“互联网 +”时代背景下，图书馆在阅读推广工作开展后，要真正建构兼容个人电脑、智能手机以及电子阅读器的移动化终端特色化项目，发挥其互动性以及智能性立体阅读推广体验，确保读者的需求和阅读愿景得以满足。除此之外，图书馆在新型阅读推广机制建立的过程中，要充分融合互联网集聚融合能力，借助不同平台展开阅读资源推广和宣传机制，实现管理标准的全面升级。

四、“互联网 +”时代公共图书馆阅读推广项目

（一）转变公共图书馆阅读推广形式

“互联网 +”时代背景下，要想从根本上升级公共图书馆阅读推广水平，就要建立健全完善且有效的网络控制机制，整合资源体系的完整程度。

人们借助新兴媒体进行阅读的时间在增长，尤其是手机终端，人们将充分利用碎片化的时间进行阅读和信息提取，满足阅读需求。另外，作为信息传递的公共图书馆，也要充分发挥自身的价值和优势，融合现代新媒体平台的基础上，对线上线下资源以及服务体系予以判定，并且在信息推送以及实时交流方面建立全方位的阅读体验和服务模式。

（二）提倡“个性化”阅读推广机制

在“互联网 +”时代，满足人们的个性化需求成为行业发展的主流趋势，因此，为了发展图书馆阅读推广项目，也要在尊重个体化差异以及阅读需求的基础上，保证用户体验得以满足。

在阅读推广工作开展进程中，要在互联网思维建构的同时，将读者的基础性需求和阅读体验作为根本以及项目发展的中心，有效落实分众阅读以及个性化阅读，在满足差异化需求的同时，为开展阅读服务项目提供保障。针对差异化读者，落实兴趣爱好、阅读习惯以及阅读侧重点等基础性特征展开服务项目，提供相应的阅读资料以及服务，保证阅读实效性和基本需求。

1.“互联网 +”环境中，要对读者的年龄、学历及工作背景等基础性信息进行统计，借助大数据分析推送相应的阅读资料和范围。

2. 建立大数据分析机制，能对读者数据库、网页及信息搜索等项目的

停留时间，以及阅读评论关注焦点等信息建立有针对性的阅读推送管理，在信息提取以及微阅读机制建立后，就能在信息提取后完善深度分析机制的实际价值，确保能全面了解阅读者的兴趣偏好，维护群体推广机制。

3. 借助数据处理技术，对利用率高以及闲置资源予以判定，全面分析阅读需求后就能展开系统化的资源整合以及优化措施，从差异性侧重点出发，确保阅读推广的实效性。

例如，现代人更加热衷于公众号、微博等，其中不乏一些较为权威的书评和精彩片段，在满足读者阅读需求的基础上，也形成了良好的导向性作用，指导阅读者进行针对性的阅读。其中，一些新兴的“听书”软件也可以作为公共图书馆传递信息和图书数据的方式，借助相应的手段将图书内容转变为音频资料，有效整合资源体系的同时，能为其提供全新的阅读体验和推广服务项目。

除此之外，公共图书馆可以定期发起“年度读者最爱的十本书”活动，不仅能对公共图书馆资源以及服务予以整合，也能对资源进行系统化推广，确保图书馆资源体系的完整程度。借助延伸传统阅读的推广措施和管理策略，能为读者和公共图书馆之间搭建有效的平台，保证阅读活动更加具有时代价值，也为阅读服务辐射范围的增大奠定坚实基础，建构系统化的网络平台。

（三）拓展渠道多样化

为了全面完善阅读水平，建构“互联网 +”和其他领域的融合也成为新时期公共图书馆阅读推广的发展趋势。其中，智能手机、平板电脑、电子阅读器等基础性智能化终端结构，能保证阅读不受任何场景和场所的约束。

“互联网 +”时代，互联网借助其连接数据信息的特点，为图书馆开放性需求提供了保障，也能在更加开放和有效的环境中实现合作，并且无论技术的发展方向如何，都能整合图书馆战略体系，确保服务的主动性和有效性，满足全天候服务理念以及要求的同时，保证阅读文化服务元素能被应用在不同的领域和行业内。基于此，组织机构和行业内部开始形成阅读意识，真正践行阅读推广和行业工作结合的要求，保证公共图书馆基本目标得以实现。

例如，图书馆和物流公司建立有效的合作关系，借助物流网络建立送书上门的点对点服务，以及通借通还的服务模式，能在节省读者时间的同时，从根本上激发阅读的积极性。另外，将公共图书馆和电视台进行合作，借助无线电视网络设定有效的电视图书馆，从根本上满足人们足不出户就享受阅读的需求。公共图书馆在跨界合作中不仅是发起者的作用，也是最基本的服务供应者，在建立针对不同优势整合资源体系的同时，确保体验活动能为读者阅读兴趣的攀升提供保障。

例如，图书馆联合电子书商开展资源的收集以及整理，在流动量大的车站、购物中心及文化广场等地区集中放置大型的电子图书阅读机，读者只需要一部智能手机，下载相应的阅读应用，就能借助扫码直接阅读。这个过程十分简单，并且可以完成随时性阅读目标。在跨界合作体系中，公共图书馆作为资源的提供者，要结合实际情况和需求进行统筹分析和系统化整理，完善信息传递需求的同时，落实更加有效的空间处理体系，确保人们能借助闲暇时间进行轻松阅读，有效寻求突破。跨界合作结构中，充分发挥“互联网 +”的优势和时代特征，建构更加多维且全面的阅读服务模式，提升一站式阅读体验，为后续工作的全面开展奠定坚实基础。正是借助这种协作化的合作机制，建立互联网结构下的公共图书馆推广管理措施，维护“互联网 +”时代下阅读效果的升级。

（四）建立“互联网 +”阅读推广路径

在公共图书管理阅读推广项目中，要想真正发挥“互联网 +”的优势，就要整合营销机制，实现推广活动和信息的完整性目标。只有推广营销模式和多样性结构，才能在显著提升读者关注度的同时，维护阶段性营销效果。

一方面，建构微博营销路径。目前，微博作为信息传递以及发布较快的公众平台，人们在访问信息以及查询信息的过程中，还能对信息进行评论和转发等，真正实现了互动行为的实效性，在信息聚合以及传播速度共同建立以及维系的过程中，整合公共图书馆实际需求的同时，为阅读推广工作的全面开展奠定了坚实基础。地方公共图书馆能借助微博建立书展、论坛以及读书推荐活动，强化推广效率和传播水平。

另一方面，建构微信营销路径，主要是指公共图书馆要开设微信公众号，建立定期群发短信机制，保证主页面具备关键词搜索和导航式菜单，以提高阅读效率和图书馆资源整合水平，建构活动通知结构，完善微信营销的整体水平。

除此之外，还要整合大数据阅读推广机制，在互联网技术不断发展的背景下，人们借助网络获取信息的同时，能在图书馆了解读者的基本需求，从而建构更加系统化的读者数据库，借助读者注册的基本信息以及借阅信息，整合数据建立健全系统化的推送机制，深度挖掘读者的阅读需求。借助相应的营销推广手段，完善个性化服务水平，完善智能化阅读推广措施的完整程度，为后续技术分析以及阅读管理水平提升奠定坚实基础。

总而言之，在“互联网 +”时代背景下，公共图书馆要充分发挥信息技术的优势，尤其是对移动互联网的管理工作，要整合阅读效能和管理需求，建构阅读型知识型全民阅读机制，并且提高阅读综合水平。实现“互联网 +”背景下阅读的常态化需求，整合时代图书阅读特征的同时，确保新媒体平台的维护工作能满足实际推广需求，推广更加丰富的阅读活动，将阅读转变为生活常态习惯。

第四节　人工智能阅读与图书馆阅读推广

随着人工智能时代的到来，人工智能在教育、出版领域的应用，革新着传统的阅读方式，驱动着人工智能阅读的产生和发展，进而对图书馆的阅读推广工作提出了新的要求。图书馆开展人工智能阅读推广的关键就在于阅读推广场景的构建与实现。图书馆人工智能阅读推广的场景可以分为陪伴式阅读推广场景、自适应阅读推广场景、游戏化阅读推广场景等。

微软亚洲研究院的 R-NET、阿里巴巴的 iDST 在 SQuAD 机器阅读理解挑战赛上精准匹配（Exact Match，EM）达到 82.650、82.440 的好成绩，人工智能（英文缩写为“AI”）首次在 EM 指标上超越了人类在 2016 年创下的 82.304 的记录。这一突破标志着“AI 阅读”时代的到来，也预示着 AI 将会为人类带来能够解决复杂问题并回答难题的更先进的机器人和自动化系统。在社会应用层面，AI 的快速发展其实让社会民众对 AI 的应用已不再陌生，特别是随着我国将 AI 上升到国家战略高度以来，AI 的应用与突破让人目不暇接。AI 机器阅读的这一突破也引起了包括图书馆等社会阅读推广机构对于如何更好地开展用户阅读推广、提升阅读效能的思考，并对 AI 机器视觉、语音识别、语义理解等在阅读推广的深度应用充满了期待。

一、AI 阅读已成为一种发展趋势

2018 年 4 月 16 日，2018 中国数字阅读大会人工智能峰会——《AI 赋能阅读》在杭州举行，与会的全国优秀 AI 专家、创业者、出版专家、媒体人就 AI 让数字阅读内容和阅读方式更加个性化、智能化，AI 支持数字阅读全双工交互、多轮对话、所见即可说，利用 AI 增强现有数字阅读体验、增加新的体验场景和内容把控，AI+ 内容实现精准预测新闻和推送等领域进行了交流，共同探索了 AI 与阅读文化的无限可能。

（一）AI 阅读发展的驱动应用

AlphaGo 战胜李世石事件的发生、VR/AR（仿真实验）、数据可视与洞察、认知计算（复杂决策辅助）、情感计算（学生情绪反馈）、高级机器人技术（陪伴教育机器人）、基因技术（天赋检测）在多个教育场景的积极探索应用，都预示着下一波教育的核心驱动来自以人工智能为核心的“科技 + 教研创新”的融合，并朝着智能化方向发展，以保证学习效果、提高教育资源供给、实现教育公平。在这一发展态势下，AI 教育浪潮席卷而来，2018 年 4 月 10 日，教育部发布了《高等学校人工智能创新行动计划》，该计划提出将致力于中小学、高校等多层次教育体系未来形成“人工智能 +X”的复合专业培养新模式建设。同时，一批 AI 教育实践也精彩纷呈，在基于个性化学习、虚拟学习助手、商业智能化、专家系统四大应用场景基础上形成了个性化学习、自动问答辅导与答疑、智能测评、模拟和游戏化教学、教育决策、幼儿早教机器人等应用领域。如在智能测评领域，国家 863 计划的“基于大数据的类人智能关键技术与系统”阶段性成果构建的“讯飞教育超脑”借助大数据、文字识别、语音识别、语义识别等技术，使得规模化的自动批改和个性化反馈走向现实，目前已在全国大规模应用。

在出版领域，Hello Code 联合亚马逊中国推出的 AI 系列教材《从编程思维到人工智能：编程超有趣》Kindle 电子书，以趣味性的故事情节和专业的 AI 知识引导青少年学习编程，该电子书的出版也标志着出版领域的 AI 革新到来。但不论是 AI 在教育还是出版领域的革新影响与应用，于知识供应、传递链下游的阅读而言都是革新驱动。如语音识别、图像识别等技术应用对阅读行为中信息获取的方式影响、自然语言理解技术应用对人们阅读行为中信息需求的准确表达影响、深度学习技术应用对阅读内容对用户需求的精准匹配影响等。

（二）AI 影响下的阅读变革

业界一致认为，AI 的发展由计算智能阶段、感知智能阶段和认知智能阶段三大阶段组成，目前正处于第二个发展阶段，即感知智能阶段，AI 可以看懂听懂，并做出判断、采取行动，帮助人类完成看和听的相关工作。而在这一阶段的 AI 应用又分为三个层面：第一个层面为运算智能，指的是机械能存会算；第二个层面是感知智能和运动智能，让机械能听会说，能看会认；第三个层面则是能理解会思考，AI 可以通过自然交互、智能学习助推阅读行业进行改变。显然，对人类的阅读来说，AI 将进一步推进信息的获取，使阅读所需要获得的信息可通过即听即见（自动将语音实时转换成文字）、智能协作（通过人工智能的方式，由机器来协助作者进行相应的校稿）和智能创作（通过机器人对大数据判断将情感赋予到创作当中）等有更多更好的承载方式。

从 AI 对阅读思维的变革来看，首先，AI 阅读将跨越时空的限制。AI

通过依赖优质的内容和场景应用，让时空不再限制人类对阅读的多器官感知；其次，AI 让全方位多感官感知成为一种常规体验。机器语言处理、自然语言理解、信息抽取与知识挖掘、搜索引擎、语音识别等技术将让AI阅读成为一种越来越接近人类语言理解和人脑处理的多感官交流体验，从单一感官感知的单向知识信息传递向基于多器官感知和体验、双向的信息互动乃至信息交流方向发展，最终实现真正的人性化、个性化智慧服务。最后，AI 阅读不只是一种信息传递与获取行为，而更是一种生态构建。这是因为传统的阅读方式只是人类获取知识的信息行为，发展至数字阅读时代也都不曾改变，而借助于智慧阅读平台或阅读场景的 AI 阅读，其构建了一种涉及内容审核、AI 实时评估、AI 辅助创作、AI 客服、文字识别、闪念存储、内容速度拆解、关联阅读、娱乐阅读、用户声音UGC（用户生成内容）等技术处理环节的“AI 阅读”生态。

二、AI 赋能的图书馆阅读推广

作为计算机科学的一个分支，AI 是研究人类智能活动的规律，构造具有一定机器智能的人工系统，研究如何让计算机去完成以往需要人的智力才能胜任的工作，也就是研究如何应用计算机的软硬件来模拟人类某些智能行为的基本理论、方法和技术。从 AI 在教育、出版的应用及驱动产生的 AI 阅读变革来看，我们需要对传统的劳动密集型、知识集约型阅读重新定义，并据此对图书馆的阅读推广做出新的研判与变革。

（一）AI 让图书馆阅读推广成为无限可能

图书馆承担的阅读推广职责不但是现代图书馆存在的价值之一之所在，也体现在了近年来制定颁布的一系列法规、规程中。如《公共图书馆法》第三十三条规定公共图书馆应当按照平等、开放、共享的要求向社会公众提供阅读推广等服务，明确指出："公共图书馆应当通过开展阅读指导、读书交流、演讲诵读、图书互换共享等活动，推广全民阅读。"《普通高等学校图书馆规程》第三十二条明确规定"图书馆应积极参与校园文化建设，积极采用新媒体，开展阅读推广等文化活动"。在信息时代、知识时代，图书馆一直都是阅读推广的坚定执行者，AI 时代的到来，则进一步拓宽了图书馆阅读推广的边界，赋予了图书馆阅读推广无限可能。如 AI 让图书馆阅读推广鼓励读者自己建立学习单位、进行主题式的探究学习；AI 让图书馆阅读推广进一步打破了空间、时间限制，把学习、阅读场所延伸至任何一个空间和时间；AI 让图书馆的阅读推广拓宽了知识来源，图书馆馆员和图书馆在 AI 阅读推广中也一起成长与发展；驱动图书馆在 AI 新技术的帮助之下，探索更多的阅读形式，如阅读的游戏化、阅读的 VAR 体验等；AI 让图书馆阅读推广更加关注用户的个人体验，并通过对读者的阅读创造性思维成果进行评估来改进阅读推广方式等。

（二）图书馆 AI 阅读推广场景的构建与实现

有学者认为，AI 时代，场景落地和技术研发是关键。中国科学院自动化研究所所长徐波也认为，AI 需要逐个领域去构建应用场景。图书馆 AI 应用场景构建可以分为时间场景构建与空间场景构建两个维度，但从构建的类型来看，则可以分为陪伴式阅读推广场景、自适应阅读推广场景、游戏化阅读推广场景等的构建。

1. 陪伴式阅读推广场景

陪伴式的阅读学习一直是传统的家庭阅读推广、校园阅读推广所强调的，而 AI 技术则通过对虚拟的情景角色设置，能让读者在阅读学习中寻找到一位"小伙伴"，其不仅能虚拟助读和陪练、相互鼓励和启发，更能通过对读后效果的分析与测算、反馈而提升用户的阅读效果。如想象力英语是由美国少儿英语教学专家、儿童心理学家、前好莱坞团队、IT专家联袂打造，其通过让孩子体验真实生活、学习情景中如何运用语言，让“小同伴”与孩子一起阅读学习，相互鼓励启发。又如，“音乐笔记”就是音乐教育领域的陪练机器人，其通过智能腕带和应用结合，利用可穿戴设备和视频传感器，对钢琴演奏的数据进行实时采集分析，并将练习效果反馈和评价呈现给用户。图书馆可以借鉴上述案例，通过第三方平台应用的开发，为图书馆用户的阅读推广构建陪伴式阅读场景，并提供诸如机器答疑、智能提醒、成长定制、内容推送、读后效果测算等方式，让图书馆的用户在智能陪伴下进行阅读与学习。

2. 自适应阅读推广场景

自适应阅读就是通过AI算法，将获取到的用户阅读学习的数据分析反馈给用户，并可以通过知识图谱等方式进行呈现，以为用户提供个性化难度和个性化节奏的阅读内容、阅读进度与阅读方式，从而提高用户的阅读效率和学习效果。与传统的阅读推广（如书目推荐等）是一种粗放型的资源组织与推送，难以做到自适应阅读强调的以个人为单位进行的阅读内容、阅读进度计算与推荐，阅读内容与测评内容的个性化程度不高。图书馆可以借鉴AI在教育等领域的典型场景应用，在现有下一代资源发现平台、图书馆智慧服务平台、机构一站式服务系统的基础上进行基于用户阅读场景构建的升级与改造，通过基于用户阅读行为等大数据分析的用户画像构建，为用户提供一个包括了如知识图谱、图像识别、语言识别、智能翻译、自然语言集成化处理等数据服务、智慧服务等内容的图书馆智慧阅读服务平台，构建AI时代的自适应阅读场景。

3. 游戏化阅读推广场景

AI、VR 等技术的发展让人类对未来生活的虚拟化、游戏化呈现与体验不再困难。VR 游戏通过搭建虚拟环境系统，配合游戏道具，可以让玩家得到更加真实的线上 + 线下的沉浸感体验和服务感知，用户可以在一定的空间内通过包括嗅觉、味觉、触觉、听觉和视觉的多器官刺激，以及 360 度全方位的移动、奔跑、瞄准、射击等动作，提升用户更加真实和刺激的体验效果。其实图书馆已在阅读推广的多个场景构建方面尝试了诸多的游戏化实现、链接方式。AI 在出版领域的应用，也为图书馆 AI 游戏化阅读推广场景的构建提供了实现的基础。如国际知名的童书出版机构 NOSYCROW 出版的《小红帽》的电子书。在这个故事里，孩子可以帮助小红帽做会影响到故事结尾的决定，而不同的花朵代表不同的路径，也许会偶遇美丽的鸟儿，也许会有其他的惊喜，最终到达目的地。通过这些游戏化的互动，孩子能够很好地开始他们的探索求知，让孩子们更亲近阅读。图书馆可以借鉴和进一步深化 AI 的游戏化应用，通过技术的应用和商业化平台引进等方式升级、丰富这些线上 + 线下场景的构建方式与服务内容，为图书馆的阅读推广注入更大的活力与吸引力。

从场景的构建要素来看，罗伯特 · 斯考伯和谢尔 · 伊斯雷尔在其所著的《即将到来的场景时代》中指出的场景时代五要素，包括大数据、移动设备、社交媒体、传感器、定位系统（该书作者将其简称为“场景五力”）。我国的图书馆学研究者则在区别场景要素和场景服务的基础上提出场景服务的核心要素，即用户与用户行为、空间与环境、社交氛围、体验、链接、数据、设备。AI 时代的图书馆阅读推广场景也可以借鉴此要素去构建，这也是未来图书馆 AI 阅读推广的研究方向之一。

AI 阅读，就是借助 AI 技术，使阅读所需要获得的信息可通过即听即见（自动将语音实时转换成文字）、智能协作（通过人工智能的方式，由机器来协助作者进行相应的校稿）和智能创作（通过机器人对大数据判断将情感赋予到创作当中）等更多更好的承载方式实现阅读的 AI 化。图书馆 AI 阅读推广，就是要聚焦场景，设计出能够发挥图书馆馆藏内容优势的场景。而阅读推广的场景可以是智慧阅读平台，帮助用户实现个人单位的阅读管理、评估、定制等，也可以是阅读评估系统，通过大数据分析评价用户的阅读能力，并将其数据反馈给用户进行个人的阅读计划、阅读内容和阅读选择改变，以及上游的出版社改良自己的出版产品，并最终驱动教育改变自己的教育生态。同时，在改变上游出版产品和整个教育生态的过程中，由于 AI 更能很好地理解人的情绪和思维，故图书馆 AI 阅读推广也不仅能实现对用户需求的精准化匹配推送，更能通过推广服务内容的精准化实现对用户的情绪管理和思维引导，让用户进一步加深对阅读内容的理解和对人工智能思维的培养。

参考文献

[1] 王英琼 . 图书馆来了 “互联网 +”时代数字阅读推广新模式 [M]. 武汉：华中科技大学出版社 , 2023.08.

[2] 刘鹏强 . 智慧图书馆建设视域下的阅读推广研究 [M]. 沈阳：辽宁大学出版社 , 2023.07.

[3] 赵晓丹 . 图书馆新馆建设和阅读推广研究 [M]. 哈尔滨：哈尔滨出版社 , 2023.03.

[4] 孙继周，钟冬梅，万芯玥 . 图书馆阅读推广理论及实践案例 [M]. 上海：上海财经大学出版社 , 2023.

[5] 张昕宇 . 高校图书馆阅读推广工作研究 [M]. 上海：上海交通大学出版社 , 2022.12.

[6] 叶健，黄启诚 . 公共图书馆阅读推广理论与应用 [M]. 延吉：延边大学出版社 , 2022.08.

[7] 郭静 . 高校图书馆阅读推广理论与服务创新实践 [M]. 汕头：汕头大学出版社 , 2022.07.

[8] 耿宁华 . 公共图书馆阅读推广研究 [M]. 郑州：郑州大学出版社 , 2022.07.

[9] 陈鸿 . 图书馆阅读推广活动理论与方法 [M]. 哈尔滨：北方文艺出版社 , 2022.05.

[10] 于丽丽 . 图书馆管理理论与图书馆阅读推广研究 [M]. 哈尔滨：

北方文艺出版社 , 2022.

[11] 辛莉 . 图书馆阅读推广模式研究与读者服务优化实践 [M]. 北京：现代出版社 , 2022.

[12] 刘洋 . 高校图书馆阅读推广研究 [M]. 北京：中国华侨出版社 , 2021.12.

[13] 王东亮 . 智慧图书馆与阅读推广工作研究 [M]. 北京：中国国际广播出版社 , 2021.09.

[14] 吴小冰 . 智慧图书馆视角下的阅读推广研究 [M]. 郑州：郑州大学出版社 , 2021.09.

[15] 马杰 . 图书馆阅读推广与服务 [M]. 北京：北京燕山出版社 , 2021.

[16] 姚晨颖 . 公共图书馆的阅读推广活动 [J]. 文化产业 ,2024(7)：61-63.

[17] 丛全滋 , 郭君 . 图书馆阅读推广浅论 [J]. 图书馆理论与实践 ,2022(6)：57-62.

[18] 祖晓芳 . 数字化时代高校图书馆阅读推广研究 [J]. 办公室业务 ,2024(10).

[19] 王婧 . 新媒体视域下公共图书馆阅读推广工作思考 [J]. 文化学刊 ,2024(5).

[20] 许海平 . 超级 IP 视角下图书馆阅读推广的内在动机研究 [J]. 图书馆学刊 ,2024(4).

[21] 王净 , 王丛聪 . 公共图书馆阅读推广策略 [J]. 科学与信息化 ,2023(11)：22-24.

[22] 何德兵 , 乐雪雯 , 陈林 . 谈谈高校图书馆阅读推广策略 [J]. 内江

科技,2024(1).

[23] 郑辉辉, 张伟. 高校图书馆阅读推广策略研究 [J]. 新教育时代电子杂志(教师版),2024(13)：136-138.

[24] 谢丁立."互联网 +"助力高职院校图书馆阅读推广 [J]. 文化产业,2024(12).

[25] 马莉. 高校图书馆阅读推广新面貌 [J]. 文化产业,2024(11).

[26] 乔建芬. 数字化时代下的图书馆阅读推广 [J]. 文化产业,2024(9).

[27] 王丹凤. 创新地方公共图书馆的阅读推广服务 [J]. 文化产业,2024(9).